#FAIL

HAYSTACK

#FAIL

OMGAAN met KRITIEK OP INTERNET

Ronald van der Aart

REACTIES OP #FAIL

'Op een verhalende manier laat Ronald heel duidelijk zien waar het in de 21e eeuw om gaat. Niet langer zijn bedrijven en merken het centrum van het universum. Consumenten nemen in rap tempo de macht over. De alsmaar voortschrijdende digitalisering breekt conventies en structuren af waar organisaties vaak decennialang aan hebben gebouwd. De vraag is hoe organisaties in deze dynamiek omgaan met reputatie, invloed, authenticiteit en bovenal menselijke communicatie. Ronald geeft daarop deels een antwoord, maar verleidt de lezer gelukkig ook om zelf aan de slag te gaan met zijn of haar uitdaging en zelf tot een strategie, maar vooral ook tot praktische stappen te komen. Een aanrader!'

Menno Lanting, bestsellerauteur van onder andere *De slimme organisatie*, adviseur en spreker.

'We maken elkaar horendol. En stapelgek. 24/7 bewaken we het world wide web met complete webcareteams voor mogelijke aanvallen, waar we dan weer razendsnel op willen reageren. De voorbeelden waar het fout liep staan ons allen haarscherp voor ogen. Dat zal ons niet gebeuren. #FAIL! Dat gaat ons allen overkomen. En daar kunnen we maar beter goed op voorbereid zijn. Klanten konden zich namelijk nog nooit zo goed informeren, zich nog nooit zo snel orga-

niseren en nog nooit met zoveel kracht communiceren. Een bedrijf dient daarom #open, #good en #honest te zijn. Zoals dit boek ook zo treffend laat zien.'

@jandriessen, directeur Communicatie AEGON en voorzitter BVA bond van adverteerders.

'Een mooi boek, vol met ervaringen en tips over een wereld die voor veel organisaties nog een schrikbeeld is, en niet ten onrechte. In de digitale wereld slaat de vlam snel in de pan en kan het publieke humeur zomaar omslaan. Hierbij past dan ook niet een interactiebenadering, maar wijst Ronald er terecht op dat de dynamiek in de betekenisverlening belangrijk is, en dat je nooit weet wie daarin een rol spelen. Dit wordt wel een diachronische benadering van communicatie genoemd. Communicatieprofessionals die nog enige hoop koesterden dat zij de effecten van hun acties kunnen beheersen, moeten door dit boek ook dat laatste beetje hoop opzij zetten. Het vakgebied verschuift daardoor van imagomanagement naar identiteitsmanagement. Het is meer dan ooit essentieel dat organisaties hun bedrijfsprocessen, hun waarden en normen en hun klantgerichtheid op orde hebben. Wie nog in de zender-modus staat, heeft het nakijken.'

Betteke van Ruler, emeritus hoogleraar communicatiewetenschap Universiteit van Amsterdam en auteur van o.a. 'CommunicatieNU, grootboek van het communicatievak'.

'Een standaardwerk dat makkelijk wegleest, doorspekt is van aansprekende voorbeelden en reputatiemanagement ook nog in een *historisch perspectief plaatst. Must read voor iedere beginner die iets wil met online reputatiemanagement, webcare, social media, et cetera, maar ook een mooi overzicht en bruikbare tips voor de ervaren lezer. Kortom, een aanrader!'*

Nicolette Wuring, Chief Customer Officer bij verschillende internationale bedrijven, voormalig Vice President Customer Care Liberty Global/UPC Broadband Europe en auteur van onder andere Customer Advocacy: When You Care, People Notice.

'*#FAIL is een praktisch en bovendien prettig leesbaar boek, geschreven door een schrijver die met de voeten in de klei staat. Vanwege de spannende case-beschijvingen leest het soms als een detective. Je kunt daarbij de emoties van de betrokkenen - in enkele gevallen inclusief die van Ronald zelf - bijna voelen. De aangeboden tips zijn to-the-point en zowel voor grotere bedrijven als het MKB van waarde. Het plaatsen van een kritische noot wordt niet uit de weg gegaan. Die wordt tegelijkertijd niet geschuwd, want geheel in stijl sluit het boek af met een uitnodiging online de dialoog aan te gaan over de inhoud.*'

Ralf Hesen, strategy director Tribal DDB Amsterdam.

'*Hoewel online reputatiemanagement en het fenomeen webcare nog lang niet uitgekristalliseerd zijn, laat Ronald in #FAIL zien dat het inmiddels wel degelijk serious business is geworden. Vanuit een historisch perspectief van 65 jaar klagen in Nederland (ken je de Konsumentenman nog?), onderbouwd met de ervaringen bij ver-*

schillende organisaties en doorspekt met diverse veelal Nederlandse voorbeelden uit de webcarepraktijk biedt #FAIL uitstekende handvatten om met online reputatiemanagement aan de slag te gaan of bestaande activiteiten aan te scherpen. Een mooie mix van strategisch kader, tactische adviezen en operationele tips. #FAIL is zeker geen #fail.'

Erik van Roekel, Reputation Manager ING Groep.

'In de toekomst zijn er nog maar twee dingen schaars: aandacht en reputatie. Over het eerste onderwerp schreef ik in 2011 het boek 'Uitverkocht - welkom in de aandachtseconomie'. Daarin stel ik dat aandacht een valuta is en reputatie de wisselkoers. Toen ik hoorde dat Ronald een boek aan het schrijven was, hoopte ik dat het over het tweede onderwerp zou gaan. En dat bleek gelukkig het geval! #FAIL is een zeer vermakelijk standaardwerk op het gebied van reputatiemanagement. Een frisse mix van anekdotes en cases, ter lering en soms ook ter (leed)vermaak.'

Jim Stolze, founder TEDxAmsterdam, ondernemer en auteur van Uitverkocht - welkom in de aandachtseconomie.

'In de afgelopen 60 jaar is de Consumentenbond steeds een stem is geweest van de consumentenbeweging. In die tijd zijn consumenten steeds geëmancipeerder en mondiger geworden. Ook werd de wereld transparanter: Als consument wist je steeds sneller wie dezelfde problemen had als jij, en in welke mate die werden opgelost. Ook de Consumentenbond veranderde mee: eerst waren we de vertolker

van de boodschap, als zender, later steeds meer in dialoog en in actie samen met consumenten. Voor een maatschappelijke beweging is social media geweldig: bij uitstek verbinden ze mensen en helpen ze mensen het heft in eigen handen te nemen. Soms helpt het als de Consumentenbond daar een rol in vervult, en soms niet. En dat is prima.'

Bart Combée, directeur Consumentenbond.

'Het moet rond 2005 zijn geweest dat we ons voor het eerst het belang van het 'online luisteren' realiseerden. Het aantal mensen dat via blogs en fora hun mening gaf over producterervaringen nam toe. Organisaties als Kryptonite, Dell en in eigen land Postbank, UPC en Essent waren steeds vaker doelwit van klagende bloggers. Visionairs zijn in die tijd gestart met de ontwikkeling van tools en diensten om op gestructureerde wijze online te luisteren. Online monitoring en webcare staan na bijna tien jaar nog steeds in de kinderschoenen. Wie echter goed kijkt naar de ontwikkelingen in de markt ziet dat de 'klantenservice' binnen organisaties een enorme revolutie doormaakt. Ik ben ervan overtuigd dat organisaties zich de komende jaren gaan onderscheiden op hoe zij naar klanten luisteren en de dialoog aangaan.'

Marco Derksen, oprichter/partner Marketingfacts en Upstream.

'Met #FAIL heeft Ronald het eerste echte complete Nederlandse boek over de zakelijke omgang met kritiek op internet geschreven. Een compleet handboek met crispy cases, vers van de pers. De adviezen en tips in het boek zijn waardevol en makkelijk toepasbaar. #FAIL is een 'must read' voor de professional die verantwoordelijk is voor PR, communicatie, online reputatie of klantenservice. En een 'should read' voor iedereen die de term social media in zijn bio op Twitter heeft staan of als skill op LinkedIn. In the end: you'd rather FAIL NOT!'

Jeroen Bakker, adviseur Nieuwe Media en Customer Experiences UWV.

'Wil je alles weten over webcare, SPOC's, ZEKEP en de online escalatiethermometer, en leren wat te doen bij eenmalige, connected of herhaalde online klagers? Lees dan #FAIL. Of je nou pr-opperhoofd bent van een multinational of een bakkerij runt in Heerenveen, Ronald geeft een mooi overzicht van de fraaiste #FAILs van de afgelopen jaren en vertelt hoe ook jij met de 7 P's van online reputatiemanagement Youp- en Geen Stijl-proof kunt blijven.'

Cor Hospes, bestsellerauteur van onder andere *De guerillamarketingrevolutie* en adviseur contentmarketing.

'There is only one way to avoid criticism: do nothing, say nothing and be nothing.'

Aristoteles, Grieks filosoof, 384-322 voor Christus

Eerste druk mei 2013

Uitgeverij Haystack
Postbus 308
5300 AH Zaltbommel
0418-680180

needle@haystack.nl
www.haystack.nl

Auteur: Ronald van der Aart
Corrector: Carolien van der Ven
Vormgeving en opmaak: Levin den Boer

ISBN: 9789461260512
NUR: 801

© 2013 Uitgeverij Haystack / Ronald van der Aart

Niets uit deze uitgave mag worden verveelvoudigd en/of openbaar gemaakt door middel van druk, fotokopie, microfilm, geluidsband, elektronisch of op welke wijze ook en evenmin in een retrieval system worden opgeslagen zonder schriftelijke toestemming van de uitgever.

Hoewel dit boek met veel zorg is samengesteld, aanvaardt schrijver noch uitgever enige aansprakelijkheid voor schade ontstaan door eventuele fouten en/of onvolkomenheden in dit boek.

INHOUD

INLEIDING VAN INJECTIENAALD
NAAR TRANSPARANTIE 18

Case: een stadion vol kritiek 18
Iets wezenlijks veranderd 25
Multinational of MKB-er 29
Disclaimer 30

HOOFDSTUK 1 DE OPKOMST
VAN KRITIEK OP INTERNET 32

Case: UPC Nederland en TROS Radar 32
De opkomst van de kritische consument 37
1948-1975: opkomst belangenbehartiging 38
1975-1990: opkomst consumentenprogramma's 40
1990-2000: opkomst internet 43
2000-nu: opkomst sociale media 45
Samenvatting 53

HOOFDSTUK 2 SOORTEN KLAGERS 56

Case: de Twitter-campagne van McDonald's	56
Wie is de klager?	60
Waarom klagen mensen?	61
Soorten klagers	67
Speciale klagers	74
Samenvatting	80

HOOFDSTUK 3 DE ONLINE ESCALATIETHERMOMETER 82

Case: requiem voor bultrug Johannes	82
Hoe ernstig is de situatie?	88
De online escalatiethermometer: de minnen	89
De online escalatiethermometer: de plussen	93
Andere online problemen	96
Samenvatting	102

HOOFDSTUK 4 DE KLAAGMUREN VAN INTERNET 104

Case: de minister aan de digitale schandpaal	104
Waar kun je klachten vinden?	108
Sociale netwerken	109
Contentplatforms	110
Blogs	111
Fora	113

Nieuwssites	**114**
Beoordelingssites	**116**
Klachtensites	**118**
Haatsites	**120**
Samenvatting	**121**

HOOFDSTUK 5 ONLINE REPUTATIEMANAGEMENT **123**

Case: van biefstukkenkoning tot paardenhaasprins	**123**
Hoe ga je om met kritiek?	**128**
Waarom is je online reputatie belangrijk?	**129**
Ook bedrijven hebben een online reputatie	**130**
De werking van Google	**130**
Wat is online reputatiemanagement?	**133**
De zeven P's van online reputatiemanagement	**136**
Samenvatting	**151**

HOOFDSTUK 6 WEBCARE **154**

Case: webcare brengt TUI tot interactie met klanten	**154**
Een goede reputatie, maar klachten komen er toch	**158**
Wat is webcare?	**160**
Bezinning	**163**
Kosten en baten van webcare	**165**
Hoe organiseer je webcare?	**168**
Hoe implementeer je webcare?	**175**
Samenvatting	**178**

HOOFDSTUK 7 REAGEREN IN DE PRAKTIJK: EEN STAPPENPLAN 181

Case: klant twittert Sanoma op de kast	181
Reageren in de praktijk	186
Stappenplan interventies	190
Rules of engagement	202
Do's & don'ts	204
Samenvatting	214

HOOFDSTUK 8 ONLINE MONITORING- EN WEBCARETOOLS 216

Case: de ROI van online monitoring bij citizenM	216
Hoe kun je 24/7 je reputatie volgen?	220
Belangrijkste functies van een goede tool	221
Selectie van een tool	228
Soorten tools	233
Samenvatting	239

HOOFDSTUK 9 DE TOEKOMST VAN KRITIEK OP INTERNET 241

Case: Best Buy tijd ver vooruit met Twelpforce	241
Nieuwe trends, nieuwe technologieën	243
Klaagmuren	254
Tools	246
Webcare	247

Activistische consument 248
Samenvatting 251

KRITIEK? 253

OVER DE AUTEUR 254

LEESTIPS 255

INLEIDING VAN INJECTIENAALD NAAR TRANSPARANTIE

Het brede, rode lint ligt in haar hand. De koningin kijkt nog een keer opzij naar de directievoorzitter en geeft een ferme ruk. Op luttele meters afstand, tussen enkele fotografen en cameramannen in, houd ik mijn adem in. Ik weet precies wat er gaat komen. In de nok van het gebouw moet complexe techniek ervoor zorgen dat tienduizenden vierkante meters doek in de goede volgorde vallen. Het moment is vooral zo bijzonder omdat de opening een nieuwe fase markeert in de inmiddels roemruchte geschiedenis van het gebouw. Na een jarenlange bouw en maandenlange voorbereidingen zou het nieuwe stadion eindelijk de poorten openen voor het publiek.

Het is 14 augustus 1996 als koning Beatrix, prins Claus en kroonprins Willem-Alexander even voor acht uur 's avonds via de fly-over de Amsterdam ArenA binnenrijden. Op de tribunes hebben dan voor het eerst 50.000 mensen plaatsgenomen. In de skyboxen bevindt zich de crème de la crème van het Nederlandse bedrijfsleven en op de eretribune zit het voltallige kabinet. De NOS zendt de opening live uit. Ook de perstribune puilt uit met ruim 250 geaccrediteerde journalisten uit binnen- en buitenland. De ogen van Nederland en ver daarbuiten zijn op Amsterdam gericht. De belangen zijn groot. Niets mag fout gaan.

Ik ben sinds enkele maanden pr-manager van het stadion. Een mooiere baan kon ik me niet voorstellen. Gemotiveerd tot op het bot had ik me de afgelopen maanden op mijn werk gestort. Lange weken, nog langere dagen. De voorbereiding op de opening vereiste van iedereen het uiterste. De sfeer was echter opperbest: we voelden dat we onderdeel waren van een bijzonder project. En daar waren we allemaal apetrots op. Ook al waren er voortekenen: twee weken voor de opening werd het ingezaaide gras in het stadion vervangen door graszoden. Dit noodscenario werd uit de kast getrokken omdat er tot dat moment weliswaar grassprieten in het stadion groeiden, maar er nog geen sprake was van een stevige grasmat. Laat staan dat deze een winnaar van een Champions League waardig was.
De techniek doet zijn werk. Alsof het Domino Day is, vallen de tientallen meters hoge doeken een voor een in de gracht om het veld. Langzaam worden de tribunes aan de overzijde zichtbaar. Het publiek klapt de handen stuk. Wat een spektakel. Terwijl de nog volstrekt onbekende Trijntje Oosterhuis aftrapt met de speciaal geproduceerde openingshymne 'De zee', ga ik door de krochten van de ArenA op weg naar het veld. De openingswedstrijd Ajax-AC Milan staat op het punt te beginnen. Ik wil van nabij kijken of de tientallen sportfotografen zich houden aan mijn briefing.
Ajax verliest de eerste wedstrijd in het nieuwe eigen huis met 0-3. Dat is jammer, maar letterlijk en figuurlijk *all in the game*.

Belangrijker zijn echter de dramatische tv-beelden van Ajaxspelers die geen grip hebben op het nieuwe gras, die wegglijden en struikelen als ze aanzetten. Van Frank de Boer die de graspollen uit de mat schopt. Van Patrick Kluivert die een sliding maakt, terwijl de losliggende graszoden zich onder zijn voeten oprollen. En vrij dodelijk: Paolo Maldini van AC Milan die pal voor mijn neus een volledige graszode weer op zijn plaats schuift en zuinigjes lachend aanstampt.

In de weken die volgen, worden alle kinderziektes van 'onze' spiksplinternieuwe, multifunctionele evenemententempel genadeloos blootgelegd. Niet alleen groeit er geen gras in het voetbalstadion, ook lekt het innovatieve dak, is het stadion koud, kil en sfeerloos en kennen de stewards in representatief Oger-kostuum aanvankelijk heg noch steg. Invaliden staan met hun begeleiders tot ver na een evenement te wachten op één enkele lift. De nagalmtijd bij concerten lijkt op die van een echoput. De kortste route van de keuken naar de vele zalen in het hoofdgebouw lijkt via de hoofdtribune te zijn. Het eigen betaalsysteem met ArenA Cards leidt bovendien tot onacceptabele wachtrijen voor de uitgifteautomaten, terwijl het voorkomen van lange wachttijden bij de kiosken juist de bedoeling was.

Het regent duizenden en duizenden klachten van teleurgestelde en ronduit boze supporters en fans. Een afdeling Klantenservice, Customer Care of Klant Contact Center bestaat niet. Postzakken vol brieven landen op het bureau van mij en mijn collega. Dagelijks beantwoorden we tientallen persvragen.

Van nationale trots naar Amsterdamse schlemiel in twee weken tijd. Het kan verkeren. De raad van commissarissen doet eind augustus een drastische zet en besluit tot een persstop: niemand mag meer met journalisten praten. Ik ben genoodzaakt enkele geplande interviews van de directie van de ArenA met *De Telegraaf*, *de Volkskrant* en *Het Parool* af te zeggen en maak daarbij geen vrienden. Ruim een maand lang concentreren we ons vol overgave op de inventarisatie en beantwoording van alle klachten. Begin oktober kunnen we een uitgebreid plan van aanpak presenteren voor de meer structurele problemen. Langzaam wordt het de media en het publiek duidelijk dat we serieus werk maken van alle kinderziektes.

Het is 1996 en in dat jaar is internet nog een betrekkelijk onbekend fenomeen. Er is geen sprake van breedbandinternet, sociale media of smartphones. De uitvinders van Twitter en Facebook rollen net van *elementary school*. Van sms, laat staan WhatsApp had niemand nog gehoord. De ArenA loopt qua technologie niettemin behoorlijk voorop en heeft een website: een glanzende online brochure, het stadion van de toekomst waardig. Af en toe 'bellen we in' met een 56k-modem om onze website te bewonderen. Tergend langzaam laden de beelden, browsen vraagt geduld, maar wat zijn we er blij mee. Het toppunt van techniek en onze grote trots was een live videostream op onze website vanuit de nok van het stadion, waarmee we de laatste 24 uur tot aan de opening aftelden. De camera is na de opening overigens volstrekt vergeten en heeft nog maanden als een eenzame WALL-E ongezien zijn werk gedaan.

Maar wat als het niet 1996 zou zijn geweest, maar zeventien jaar later? Als mensen hadden kunnen beschikken over 100 Mbinternet en smartphones met 8 megapixel- en 1080HD-camera's en 4G-verbindingen? Als supporters en fans zich in hun passie en verontwaardiging konden verbinden via sociale netwerken als Twitter en Facebook? Als nieuws 24/7 online beschikbaar zou zijn geweest en niet pas de volgende ochtend als de krant op de mat ploft? Hoe zouden supporters van Ajax en fans van artiesten als Michael Jackson, Tina Turner, Celine Dion en Pavarotti dan hebben gereageerd? Anders gezegd: hoe zou de golf van kritiek die in het najaar van 1996 over de Amsterdam ArenA raasde zich nu hebben ontwikkeld?

Om te beginnen zou de verontwaardiging niet minder groot zijn geweest. Ajax zou nog steeds net de Champions League hebben gewonnen en in de ogen van heel Amsterdam en ver daarbuiten het mooiste en beste stadion van de wereld verdienen. Ten tweede zouden we de verwachtingen van het publiek nog steeds tot grote hoogten hebben opgestuwd. Het stadion werd al ver voor de opening gepositioneerd als 'multifunctionele evenemententempel' en het meest innovatieve stadion in de wereld. Beide claims heeft de Amsterdam ArenA in daaropvolgende jaren meer dan waargemaakt, maar de lat werd aanvankelijk wel erg hoog gelegd. Ten derde zou Ajax in daaropvolgende jaren nog steeds geen deuk meer voetballen in een pakje boter. Vooral voor supporters was dat natuurlijk de schuld van het stadion. De pislucht van 'De Meer', het oude, met terugwerkende kracht alsnog geadoreerde Ajax-stadion, zou nog steeds worden gemist.

Wat zou dan het verschil zijn tussen 1996 en 2013? Ten eerste zouden bezoekers met hun smartphones met ingebouwde camera elke kinderziekte, elk gebrek, elk incident, elke onbeholpen of onheuse bejegening nauwkeurig vastleggen en binnen seconden posten op hun sociale netwerken, rücksichtslos voorzien van uitgebreid commentaar en indien nodig genadeloze kritiek. *News travels fast* en *citizen journalism* nog sneller. Met 50.000 smartphones in alle hoeken en gaten van het stadion ontsnapt niets meer aan de ogen van een kritisch publiek. En met zoveel aanloopproblemen zouden we op de kortst mogelijke termijn verzekerd zijn van duizenden, zo niet tienduizenden foto's en video's op internet die even tranentrekkend zouden zijn als schadelijk voor de reputatie van het stadion.

Teleurgestelde supporters en fans zouden elkaar online snel vinden en verenigen in actiegroepen. Waar in 1996 alleen de aandeelhouders van het stadion, de Ajax-supportersvereniging en de F-Side krachten konden bundelen om een gesprek met de directie van de ArenA aan te gaan of een petitie aan te bieden, zouden nu 'pop-up' verbanden ontstaan rondom elk separaat incident. Deze actiegroepen zouden bovendien de beschikking hebben over krachtige middelen. Waar in 1996 nog met vereende krachten een spandoek werd beschilderd, hebben supporters nu de beschikking over internet en een breed scala aan laagdrempelige sociale media om hun achterban te mobiliseren. Van tweets, fora en blogposts tot complete haatsites. En hoe zichtbaarder de actiegroep, hoe interessanter deze is voor reguliere media. Waarna het 'officiële' nieuws vervolgens weer via sociale media wordt gedeeld. En voilà, een haast niet te stoppen cascade van nieuws, online media en sociale media.

In plaats van brieven zouden mensen e-mails sturen. Zonder

postzegels, laagdrempelig, naar een e-mailadres als service@xyz.nl. En verder naar alle mogelijke e-mailadressen die ze redelijkerwijs zouden kunnen bedenken: info@xyz.nl, vragen@xyz.nl, directie@xyz.nl en webcare@xyz.nl. Vermoedelijk voor het overgrote deel met een CC naar *TROS Radar*, *De rijdende rechter* en de Consumentenbond. Sneller en uitgebreider dan in 1996 zou de ArenA-organisatie verstopt raken met alle klachten. Mogelijk zouden de mailservers zelfs uitvallen vanwege de enorme datastroom van een continu bombardement met klachten.

Tegelijk zouden fans stoom afblazen op internet. Niet alleen op allerlei fora, maar ook op de fanpage van de Amsterdam ArenA op Facebook. Op Twitter zou de Amsterdam ArenA maandenlang trending topic zijn. Uit online monitoring zou blijken dat de hashtags #arena en #fail verdacht veel in combinatie met elkaar worden gebruikt. Via haar Twitter-account @Amsterdam_ArenA krijgt de stadiondirectie – reply op reply – duizenden en duizenden klachten en, al dan niet anonieme, verwensingen naar het hoofd geslingerd. Tot overmaat van ramp hacken Feyenoord-supporters korte tijd het Twitter-account van het stadion om met enkele 'Rotterdamse' tweets zout in de open wond te wrijven. Uit pure onmacht en frustratie organiseert de F-side een Project X ArenA, waarbij het stadion wordt bestormd en de middenstip wordt bezet. Bij rellen met de ME loopt het speelveld onherstelbare schade op, waarna een nieuwe, geldverslindende herbezoding volgt.

Enfin, je hebt er inmiddels vast een beeld bij...

Iets wezenlijks veranderd

Kritiek op bedrijven, overheden en instellingen is van alledag. Nederlands klagen wat af, en hebben daar regelmatig alle aanleiding toe. Als bedrijven hun dienstverlening niet op orde hebben. Of als overheden voorbij dreigen te gaan aan de gerechtvaardigde belangen van hun burgers. Individuele klagers konden echter niet altijd op een welwillend oor rekenen.

Vanaf 1953 bood de Consumentenbond uitkomst. Eind jaren zestig ontdekte ook Hilversum de consument. In de daaropvolgende decennia ontstonden vele tv-programma's als *De Konsumentenman*, *Kassa*, *Ook dat nog* en *TROS Radar*.

In de laatste vijftien jaar is echter iets wezenlijks veranderd. Het 'zeuren, zeiken en zaniken' van klanten en burgers lijkt steeds luider te klinken. Met de opkomst van internet en sociale media verenigen ontevreden klanten zich steeds vaker tot tijdelijke actiegroepen en bespelen de publieke opinie op een manier waaraan de gemiddelde pr-manager nog een puntje kan zuigen. Met deze nieuw verworven macht pikken consumenten steeds minder van bedrijven en overheden. Die lijken vervolgens vogelvrij en worden opgejaagd om duidelijk te communiceren, kwaliteit te leveren en betrouwbaar te zijn.

Van iets meer afstand lijkt het zelfs of zich een nieuw soort communicatiemodel heeft ontwikkeld, een nieuwe visie op de communicatie tussen bedrijven en klanten. Of tussen overheid en burgers. De afgelopen jaren heb ik dit tijdens vele presentaties en trainingen communicatie 3.0 genoemd. Daarmee zette ik me met een vette knipoog af tegen alles wat trendy 'Web 2.0' werd genoemd.

Communicatie 1.0 werd in de jaren dertig door sommigen gekscherend omschreven met het zogenaamde injectienaaldmodel: als je de passieve, weerloze ontvanger maar vaak genoeg 'injecteerde' met je boodschap, dan ging hij denken of doen wat jij wilde dat hij dacht of deed. Als een kritiekloze spons zou de ontvanger elke boodschap absorberen. In de praktijk viel er veel af te dingen op dit eenrichtingsverkeer en wetenschappers toonden al in de jaren veertig aan dat het model overboord kon. 'Ontvangers' bleken helemaal niet zo kritiekloos, als de beoogde boodschap al bij hen binnenkwam. Wetenschapper Joseph Klapper schreef uiteindelijk pas in 1960 in het boek *The limited effects of mass media* dat mensen zich selectief blootstellen aan media, en boodschappen selectief interpreteren en onthouden. Als gevolg van deze nieuwe inzichten ontstonden in de loop van twee decennia communicatiemodellen die veel meer tweerichtingsverkeer waren: de ontvanger was niet langer passief, maar zond boodschappen terug. Het nieuwe modewoord was 'dialoog' tussen een organisatie en haar stakeholders. Pas in 1984 omschreef James E. Grunig een beeld van symmetrische communicatie: zender en ontvanger wisselen voortdurend van rol. Er was evenwicht en tweerichtingsverkeer. Het ging niet zozeer om overtuigen of veranderen, maar vooral om wederzijds begrip en respect. De tijd van communicatie 2.0 brak aan.

Tegenwoordig is er echter sprake van een ander communicatiemodel. Dialoog klinkt immers leuk, maar telkens blijken organisaties en mensen elkaar niet te kunnen of te willen begrijpen. Ze spreken letterlijk of figuurlijk een andere taal. De communicatie van de overheid en van bedrijven wordt steevast gewantrouwd of op zijn minst met een korreltje zout genomen. Er is dan ook geen sprake meer van business-to-business of business-to-consumer communicatie. Dat zijn achterhaalde begrippen. Bij communicatie 3.0 is veel eerder sprake van consumer-to-consumer (of bij de overheid: van citizen-to-citizen), waarbij mensen online luid en duidelijk hun mening verkondigen over jouw bedrijf, producten en dienstverlening, waarbij ze uitwisselen, vergelijken, afbranden en prijzen. Kortom: waarbij ze elkaar helpen omdat ze dat met alle online mogelijkheden kunnen en ze jouw reclame en persberichten niet meer vertrouwen. Auteurs Charlene Li en Josh Bernhoff noemden communicatie 3.0 al in 2006 een *groundswell* (vloedgolf, RvdA) in hun gelijknamige boek *Groundswell, winning in a world transformed by social technologies*. Ze beschreven het als een sociale trend waarbij mensen online technologie gebruiken om van elkaar te krijgen wat ze nodig hebben, en niet langer van bedrijven. En wat willen mensen volgens Li en Bernoff? Informatie, ondersteuning, ideeën, producten en 'bargaining power'. Via internet, Google en sociale media is dat eenvoudig, met een muisklik voorhanden.

Hoe voelt dat als organisatie? Vaak niet zo prettig. Het is alsof er zich voor je ogen een dampend feest afspeelt met een fantastische band, de prachtigste buffetten en de heerlijkste cocktails. Iedereen is uitgenodigd en heeft een geweldige avond. Eén ding weet je zeker: nog jaren later zullen mensen het over dit feest hebben. Maar uitgerekend jij mag niet naar binnen. Je hebt namelijk niets meer toe te voegen. Je bent als organisatie niet meer relevant. En jij dacht nog wel dat je het feest organiseerde! Verkeerd gedacht.

Alles wat bedrijven en overheden doen, ligt sinds enkele jaren onder een vergrootglas. Elk incident wordt online genadeloos afgestraft. Dit heeft grote invloed op de reputaties van organisaties en bestuurders. Ook de interne motivatie van medewerkers kan afnemen en zelfs de continuïteit van een onderneming kan op de tocht komen te staan.

Op steeds meer websites worden klanten gestimuleerd hun mening te geven en hun klachten te posten. Informatie en kritiek van klanten eindigen in de kortst mogelijke tijd hoog in de zoekmachineresultaten en zijn vindbaar voor andere klanten, potentiële klanten en reguliere media.

Bedrijven en overheden waren niet gewend aan deze 'tirannie van de transparantie', zoals Trendwatching.com dit fenomeen in 2007 fijntjes definieerde. Een reden temeer voor bedrijven en instellingen om niet alleen hun dienstverlening te verbeteren, maar ook om op internet actief op zoek te gaan naar klagende klanten. Sinds in 2006 bij kabelbedrijf UPC Nederland voor het eerst een webcareteam aan de slag ging, volgden vele organisaties en zijn er belangrijke lessen geleerd.

Deze lessen heb ik uitgewerkt en gebundeld in dit boek. In *#FAIL, omgaan met kritiek op internet* bespreek ik uitgebreid de verschillende soorten klagers en verschillende soorten klachten. Je krijgt inzicht in effectieve strategieën om je online reputatie te verdedigen, en – meer tactisch – in de meest effectieve manieren om op kritiek te reageren. Met alle kennis en inzichten die je opdoet, ben je beter in staat om met kritiek op internet om te gaan. Je kunt straks eenvoudig pareren, sussen, oplossen en negeren. Maar bovenal, je leert de relatie met klanten en burgers structureel te verbeteren.

Multinational of MKB-er

#FAIL biedt een helder stappenplan om effectief op klachten te reageren. Of je nu pr-manager bent van een multinational of ondernemer in het MKB, je leert op welke wijze je snel de online buzz rondom je organisatie kunt vinden en analyseren. Daarbij maakt het niet uit hoe groot je onderneming is. De methoden die grote bedrijven hanteren, zijn even bruikbaar als kleine restauranthouder. Of ze kunnen eenvoudig worden vertaald naar een kleinere schaal. Vanzelfsprekend kun je als MKB-er niet dezelfde capaciteit en hetzelfde budget vrijmaken voor dit soort zaken als grote bedrijven. Het goede nieuws is, dat dat ook helemaal niet hoeft. Als je bijvoorbeeld op een lokale of regionale markt opereert of in een hele specifieke branche zal de online buzz rondom je organisatie, merk en producten vrijwel altijd een geringere omvang hebben dan die bij grote landelijke of internationale spelers. Het beslag op mensen en middelen is daarmee per definitie anders. In hoofdstuk 8, waar verschillende online monitoring- en webcaretools aan de orde zullen komen, geef ik bovendien enkele

voorbeelden van lowbudgetsystemen die uitstekend geschikt zijn voor kleinere organisaties.

Laat je als kleine ondernemer dan ook niet afschrikken door de voorbeelden en lessen van bedrijven als UPC, ING, TUI, KLM, et cetera. Juist de ervaringen van deze bedrijven met een veelheid aan issues kunnen heel leerzaam voor je zijn.

Disclaimer

Of je nu meer of minder ervaren bent met internet en sociale media, als lezer doe je waarschijnlijk veel ideeën op in het boek. Hopelijk is #FAIL een inspiratiebron om daadwerkelijk werk te maken van kritiek die je ten deel is gevallen of in de toekomst nog gaat vallen. In het boek krijg je alle handvatten om aan de slag te gaan, actie te ondernemen en de negatieve impact op de online reputatie van je bedrijf, je merk of zelfs jezelf zo veel mogelijk te beperken.

Kan ik dat garanderen? Helaas, ik zou willen dat ik dat kon. Sterker, bij alle zinvolle informatie in de hoofdstukken hierna hoort een flinke waarschuwing. Ik heb #FAIL namelijk geschreven in de veronderstelling dat je een eerlijke ondernemer bent. Of een bonafide professional met het hart op de goede plaats. Je hebt je klanten hoog in het vaandel staan en doet zo goed mogelijk je best voor hen. Je bedrijf is betrouwbaar, de kwaliteit van je product klopt, je dienstverlening is op orde en je vraagt een faire prijs. In dat geval vind je in dit boek handvatten en technieken die je kunnen helpen als je op internet kritiek krijgt. Maar wat nu als je de boel niet op orde hebt? Als je importeur bent van een automerk dat de ene *product recall* na de andere heeft? Als je niet conform hygiëne-eisen werkt en je visverwerkingsbedrijf pallets vol verpakte salmonellazalm heeft geleverd aan grote supermarkten? Als de *agents* in je callcenter niet de instrumenten hebben om klanten aan de telefoon van dienst te zijn, waardoor wachttijden flink oplopen? Als je met je bedrijf opereert in een wirwar van schimmige bv's en je misbruik maakt van *sweat shops* vol kinderarbeid? Als je makelaar bent in Amsterdam en jouw onervaren werknemers komen steevast een halfuurtje te laat met een zonnebril in het iets te lange haar op een scooter voorrijden voor een bezichtiging? Kortom, als er structureel iets fout zit? Dan kunnen alle adviezen in *#FAIL* je niet redden. Lees niet verder. Je hebt wel betere dingen te doen. Het is cruciaal eerst orde op zaken te stellen. Want uiteindelijk word je reputatie nog steeds primair bepaald door wie je daadwerkelijk bent en wat je feitelijk doet.

Naast mijn werk als adviseur en strateeg op het gebied van online reputatiemanagement en webcare ben ik programmeur en dagvoorzitter van het jaarlijkse Social Media Congres. Jan Driessen, directeur Communicatie van AEGON, sprak op een van de recente edities de gevleugelde woorden: 'Het is simpel: je deugt of je deugt niet. Met de opkomst van sociale media heeft de consument dat feilloos door.' En zo is het.

Ronald van der Aart
Blaricum, april 2013

HOOFDSTUK 1 DE OPKOMST VAN KRITIEK OP INTERNET

Het is grauw in Wenen. Niet koud, niet warm. Herfst. Op het bordes van kasteel Schönbrunn in de buitenwijken van Wenen staar ik peinzend naar de prachtige kasteeltuin. Mijn wat gebutste Nokia voelt nog warm aan van het gesprek dat ik zojuist voerde met de redactie van het consumentenprogramma *TROS Radar* in Nederland. Ze besteden volgende week aandacht aan de stroom van klachten van ontevreden klanten. Of we in de live-uitzending komen voor een toelichting. Ik neem even de tijd om mijn gedachten te ordenen. Ik ben sinds ruim een jaar manager Media Relations van UPC Nederland en zit sindsdien in een publicitaire achtbaan. Eerder verliep een interview van presentatrice Antoinette Hertsenberg met de marketingdirecteur van het kabelbedrijf betrekkelijk desastreus. Nu, enkele maanden later, is de klachtenstroom verder toegenomen. Het was slechts een kwestie van tijd voordat de redactie opnieuw zou bellen. Ik haal diep adem en draai me om naar de directeur Corporate Communicatie. We zijn in Wenen voor een internationale managementmeeting van het toenmalige moederbedrijf United Pan-Europe Communications. Het is begin oktober 2000.

10 oktober

Op dinsdagavond 10 oktober beleeft televisiekijkend Nederland een unicum. *TROS Radar* besteedt een hele uitzending aan UPC Nederland. Hertsenberg is genadeloos en hekelt de trage internetverbindingen en de slechte klantenservice. Er worden filmpjes vertoond van tergend langzame kabelmodems op locatie en er zijn interviews met verontwaardigde klanten in de studio. De uitzending blijkt het startsein van de gezamenlijke consumentenprogramma's om de belabberde dienstverlening van UPC aan de kaak te stellen. KRO's *Ook dat Nog* en Frits Bom, oud-Konsumentenman en aan het einde van zijn carrière Televisieman bij Omroep Gelderland, zitten eveneens in het pact. Felix Meurders van VARA's *Kassa* verklaart zich bovendien solidair. De directeur Network Operations en de directeur Customer Operations zitten als geslagen honden bij Hertsenberg aan tafel. In deze live-uitzending krijgen ze geen schijn van kans om een toelichting te geven op de situatie en een oplossing te bieden. Van de afgesproken vijf minuten wederhoor komt het niet of nauwelijks. Na enkele vragen, of liever beschuldigingen, is de tv-uitzending voorbij. Het UPC Garantieplan, de voorbereide tegemoetkoming voor ontevreden klanten die ons konijn uit de hoge hoed moest zijn, blijft noodgedwongen in de binnenzak van de directeur Customer Operations. Op het hoofdkantoor van UPC Nederland in Schiphol-Rijk zetten we de televisie uit en kijken elkaar verbijsterd aan. WTF?

11 oktober

De volgende ochtend berichten alle landelijke dagbladen over de uitzending van *TROS Radar*. Natuurlijk roert de Consumentenbond zich en ook de SP-Tweede Kamerfractie is er als de kippen bij. 'Het enorme aantal klachten tegen het grootste kabelbedrijf van Nederland geeft aan dat de privatisering van voormalige overheidsdiensten zeer schadelijk kan zijn voor de kwaliteit ervan,' aldus het toenmalige Kamerlid Harry van Bommel. 's Avonds gaat de berichtgeving onverminderd door in de avondkranten. Het *NOS Journaal* en *RTL Nieuws* komen uitgebreid terug op de uitzending van *TROS Radar*.

Op de communicatieafdeling bevinden we ons in een spagaat. Aan de ene kant willen we vol inzetten op *damage control* en in gesprek gaan met de verschillende partijen, aan de andere kant vindt morgen, op 12 oktober, een grootscheepse persconferentie plaats ter gelegenheid van de feestelijke opening van ons internationale Digital Media Center in Amsterdam en de lancering van ons nieuwe digitale televisieproduct. Deze lancering afzeggen is geen optie.

12 oktober

We ontvangen tientallen journalisten uit binnen- en buitenland op de persconferentie. Een internationaal 'presidium' van UPC-directeuren spreekt vanachter een lange tafel op het podium. Over het state-of-the-art videodistributiecentrum, over innovatieve digitale televisie en ook uitgebreid over het UPC Garantieplan voor ontevreden klanten. De consumentenklachten vielen simpelweg niet te scheiden van de twee andere onderwerpen, zeker niet met 'aanklager' Antoinette Hertsenberg in de zaal.

Op dat moment meldt het tv-programma *Breekijzer* zich met een Engelse dubbeldekker vol boze klanten in Schiphol-Rijk. Ze worden ontvangen met koffie en gevulde koeken door de CEO van UPC Nederland en een van de woordvoerders in mijn team. Beiden missen zo de opening van het DMC en de lancering van digitale televisie. Het bezoekje van het roemruchte tv-programma komt niet uit de lucht vallen, want het was enkele dagen eerder aangekondigd. Met enkele telefoontjes hadden we weten te voorkomen dat Pieter Storms kwam *gate crashen* bij het Digital Media Center.

In de dagen die volgen

In de dagen na de persconferentie duikelen de vele stakeholders over het UPC Garantieplan heen. Presentatrice Antoinette Hertsenberg meldt zich met Frits Bom voor een goed gesprek op het hoofdkantoor. De Consumentenbond wil onderhandelen over de garantieregeling. Tot dan waren al deze partijen min of meer monopolist als het ging om de behartiging van consumentenbelangen. Nu roeren ook de internetgebruikersvereniging Coax en het nieuwe forum Chello Underground (nu Chelloo.com) zich hevig, evenals allerlei regionale splintergroepjes van Chello-gebruikers zoals TGV en IGVL.

Op de websites en fora van deze gebruikersverenigingen wordt duidelijk hoe boos UPC-klanten zijn. Voor het eerst merken we de kracht van het nieuwe consumentisme: klanten zijn in toenemende mate kritisch, verenigen zich eenvoudig via internet in nieuwe verbanden, maken gezamenlijk een vuist en stellen zich teweer tegen bedrijven.

Oude en nieuwe media blijken elkaar te versterken. Zo dringen boze UPC-klanten gezamenlijk sneller door tot de redactie van *TROS Radar*. Een Coax-forum met duizenden klachten valt immers meer op en is urgenter dan de brief van een eenzame klant. Andersom zijn de fora van Coax en Chelloo Underground onuitputtelijke bronnen voor de redacties van *TROS Radar* en VARA's *Kassa*.

Om af te zijn van de Poolse landdag van belangenbehartigers maakt UPC Nederland op 19 oktober 2000 definitieve afspraken met de Consumentenbond. In aanvulling op het UPC Garantieplan krijgen circa 22.000 klanten een eenmalige restitutie en tijdelijk korting op hun abonnementsgeld. *TROS Radar* en VARA's *Kassa* kunnen niet anders dan zich hierin schikken. TGV en IGVL staan echter volledig buitenspel en kraken deze deal af. Coax is ook niet gelukkig met de afspraken, maar uit zich minder hard. Kort daarna erkent UPC Coax als de enige echte internetgebruikersvereniging voor Chello-gebruikers, waarmee de rol van TGV en IGVL is uitgespeeld.

Nog maandenlang berichten *TROS Radar* en VARA's *Kassa* over de ontwikkelingen bij UPC. De voorzitter van Coax is de kritische, maar niet onredelijke spreekbuis van klanten in talloze tv-uitzendingen. Ondertussen werkt UPC Nederland hard aan de verbetering van zijn kabelnetwerk en de bereikbaarheid en slagvaardigheid van zijn klantenservice. Dat blijkt een omvangrijke operatie, die uiteindelijk tot in 2004 zal duren.

De opkomst van de kritische consument

Wie achterom kijkt, draait zijn rug naar de toekomst. Hoe waar dit gezegde wellicht ook klinkt, als we het nieuwe consumentisme goed willen begrijpen, is het niet onverstandig om iets meer te weten over de 'oude' consumentenbeweging in Nederland, die diepe wortels heeft in de naoorlogse geschiedenis. De leefomstandigheden zijn slecht, de opbouw is nog in volle gang en grote groepen voelen zich genegeerd door de staat en grote bedrijven. Zo ontstaan begin jaren vijftig de eerste initiatieven in Nederland om de belangen van de weerloze individuele Nederlandse consument te behartigen en voorlichting te geven. Inmiddels is er ruim zestig jaar verstreken. Nederland is een welvarend land. De economische crisis en de harde ingrepen van het huidige kabinet ten spijt hebben consumenten het goed. Er is volop keuze, de producten zijn veilig, de consument is meer dan uitstekend geïnformeerd en zijn rechten zijn breed geaccepteerd.

Gek genoeg klagen we echter meer dan ooit. Zijn we dan zo veel mondiger dan vroeger? Staan ons meer middelen ter beschikking om te klagen? Of lijkt dat allemaal maar zo en zijn klachten vooral zichtbaarder vanwege het grote aantal beschikbare media?

Zonder een volledige geschiedschrijving van de opkomst van de Nederlandse consumentenbeweging te bieden, ga ik in dit hoofdstuk dieper in op enkele zeer kenmerkende ontwikkelingen en gebeurtenissen. Centrale vraag: hoe hebben we in de afgelopen decennia onze klachten onder de aandacht van bedrijven en autoriteiten gebracht? We kunnen globaal vier perioden onderscheiden met elk hun eigen accent:

- 1948-1975: opkomst belangenbehartiging
- 1975-1990: opkomst consumentenprogramma's
- 1990-2000: opkomst internet
- 2000-nu: opkomst sociale media

1948-1975: opkomst belangenbehartiging

Voor de oorsprong van de behartiging van de belangen van Nederlandse consumenten moeten we teruggaan tot 1948. Dan klinken de klanken van het VARA-radioprogramma *Ducdalf* voor het eerst door de ether. In het programma worden elke twee weken vragen van luisteraars over producten, diensten, sociale kwesties en dingen van alledag op enigszins ludieke wijze behandeld. Het programma stopt in 1954 na zes jaar, maar legt de kiem voor een rijke toekomst van consumentenprogramma's bij de VARA.

Hoewel de eerste televisietechniek al in de jaren dertig het licht zag, duurt het in Nederland tot 1951 voordat mensen voor het eerst thuis een zwart-wit tv-programma kunnen bekijken. Kúnnen, omdat er nauwelijks nog tv-toestellen in omloop zijn. Ook de kwaliteit van de etheruitzendingen via een enkele zendmast bij Lopik laat veel te wensen over.

De Consumentenbond wordt in 1953 opgericht om het namens alle consumenten op te nemen tegen fabrikanten en leveranciers. In datzelfde jaar verschijnt de eerste *Consumentengids* en weer enkele maanden later publiceert de bond voor het eerst een vergelijkend warenonderzoek, en wel een test van zes merken lucifers. Hoewel er vanzelfsprekend sprake is van een volstrekt andere tijdgeest, klinkt een lucifertest op zijn zachtst gezegd niet wereldschokkend. De nieuwe bond is echter begonnen met 141 leden en heeft de eerste tien jaar nauwelijks budget voor omvangrijke producttests.

In 1962 komt er verandering in de situatie van de Consumentenbond. In dat jaar daagt het sigarettenmerk Lexington de kleine belangenvereniging voor de rechter. Aanleiding is een slecht testresultaat in de Consumentengids. Klaarblijkelijk heeft de bond inmiddels enige invloed, want de sigarettenverkoop van Lexington daalt drastisch. Hoewel de bond het bij de rechter aflegt tegen de machtige sigarettenfabrikant, maken de acties van 'David' tegen 'Goliath' indruk in Nederland. Leden stromen massaal toe en de Consumentenbond groeit in rap tempo naar 25.000 leden. Die groei houdt niet meer op en bereikt in 1969 de mijlpaal van een kwart miljoen leden.

Ondertussen heeft in het sterk verzuilde Nederland van de jaren vijftig zowel de vakbeweging als de VARA belangstelling gekregen voor belangenbehartiging van de arbeidersklasse in de Nederlandse samenleving. Met de toenmalige politieke stroming Nieuw Links gelooft de omroep in democratische vernieuwing door de kritische geest van burgers te activeren. En dat niet alleen tegen het bedrijfsleven, maar ook tegen de overheid. Na *Ducdalf* volgen nog enkele radio-experimenten waarin onafhankelijke consumentenvoorlichting wordt gegeven. Het duurt tot 1965 voordat de VARA start met het televisieprogramma *Koning Klant* en, parallel daaraan, in 1969 met het kritischere en in korte tijd uitermate populair geworden consumentenprogramma *De Ombudsman* (aanvankelijk *Velen met mij* genoemd). De kritische toon van het televisieprogramma is tot dan ongekend en roept een vijandige reactie op bij het bedrijfsleven. Bedreigingen, omkooppogingen en processen zijn het gevolg.

In 1971 gaat de VARA zwaar over de schreef in de geruchtmakende *Exota-uitzending*, waarin volgens presentator Marcel van Dam een 'willekeurige fles' ontploft. Daarbij wordt echter de suggestie gewekt dat het om een fles van het bekende limonademerk gaat. Van een spontane explosie blijkt geen sprake: voor effectbejag (het blijft tenslotte televisie) gebruikt het tv-programma een kogel. De limonadefabriek lijdt flinke schade en stapt naar de rechter. De VARA moet rectificeren en wordt na lang procederen in 1998 door de Hoge Raad veroordeelt tot betaling van een schadevergoeding van twee miljoen gulden.

1975-1990: opkomst consumentenprogramma's

In de daaropvolgende jaren krijgt klagen op televisie serieus voet aan de grond. De consumentenprogramma's schieten als paddenstoelen uit de grond, fuseren driftig en presentatoren hoppen van omroep naar omroep en van programma naar programma.

Zo krijgt *De Ombudsman* met Frits Bom pas in 1978 een waardige opvolger van Marcel van Dam, die in 1973 in de nasleep van de Exota-affaire was vertrokken. De twee tussentijdse presentatoren van dienst blijken geen blijvertjes, maar met Frits Bom heeft het programma weer de buldog in huis die nodig is om bedrijven en overheidsorganisaties in het gareel te houden. Niet voor niets heet hij in de media al snel de 'allesreiniger van het Nederlandse consumentisme'. Hoor en wederhoor zijn bovendien niet altijd zijn sterkste punt.

Het tv-programma *De Ombudsman* en ook latere consumentenprogramma's sparen de overheid niet. Geregeld wordt de toenemende bureaucratie aan de kaak gesteld, waarmee individuele burgers worden vermorzeld tussen procedures en systemen. Ondanks, of wellicht dankzij, deze tv-programma's stelt de overheid in 1982 een onafhankelijke functionaris aan die klachten behandelt van individuele burgers over gedragingen van ambtenaren en bestuursorganen van rijk, provincies, gemeenten, openbare lichamen, et cetera. Deze Nationale ombudsman heeft zich inmiddels ontwikkeld tot een instituut met een grondwettelijke status. De Nationale ombudsman is echter geen rechter. Zijn uitspraak is een advies in plaats van een vonnis. Niettemin heeft zijn oordeel grote publicitaire gevolgen, waardoor de Nationale ombudsman wel degelijk invloed op overheid kan uitoefenen.

In 1983 wordt de laatste aflevering van *De Ombudsman* uitgezonden. Het tv-programma fuseert met dat andere VARAconsumentenprogramma *Koning Klant* tot de *Konsumentenman* met Frits Bom als grote roerganger. *Koning Klant*-presentator Wim Bosboom verlaat de VARA teleurgesteld, maar krijgt bij de TROS ogenblikkelijk eerherstel. Daar presenteert hij vanaf datzelfde jaar *Kieskeurig*, een consumentenprogramma dat al sinds medio jaren zeventig op de buis was. Consumentenvoorlichting op tv is *serious business* aan het worden en trekt grote kijkersaantallen. Ook bedrijven lijken steeds beter om te gaan met de vragen en beschuldigingen van deze programma's. Frits Bom geeft in een interview fijntjes aan iets milder te zijn geworden. Frits Bom milder? De lezingen lijken te verschillen, maar na een knallende ruzie met VARA-voorzitter Marcel van Dam neemt of krijgt Frits Bom in 1989 ontslag en houdt de *Konsumentenman*, dat toch wel heel erg was opgehangen aan de persoon van Bom, op te bestaan. Daarvoor in de plaats programmeert de omroep het nieuwe *Kassa*, een wekelijks consumentenprogramma van een halfuur op de vroege zaterdagavond. Bedenker en presentator van het eerste uur is Felix Meurders, een oud-diskjockey die eerder al was opgevallen door zijn kritische mening over lichtvoetige (Nederlandse) muziek. Meurders blijft aan het programma verbonden tot 2011 en laat met stevige interviews het zweet over de rug stromen van directeuren en woordvoerders van menig bedrijf dat het in zijn ogen te bont maakt. *Kassa* kent inmiddels ook een radioprogramma en een tijdschrift en wordt nog steeds wekelijks uitgezonden.

Eveneens in 1989 lanceert de KRO een nieuw, onderscheidend consumentenprogramma op televisie: *Ook dat nog*. In dit satirische consumentenprogramma, afgeleid van het Britse *That's life*, bespreekt een panel van bekende cabaretiers onder leiding van de gerenommeerde journalist en presentator Aad van den Heuvel grote en kleine problemen. Waren bedrijven, instellingen en overheden net gewend aan de 'buigen of barsten'-strategie van Frits Bom, nu zijn ze overgeleverd aan de vileine humor van professionele grappenmakers als Hans Böhm, Sylvia Millecam, Gregor Frenkel Frank, Bavo Galama, Erik van Muiswinkel, Alfred van den Heuvel en Sjaak Bral. Wederhoor? Jawel, maar tot in het ridicule overdreven en met veel dichterlijke vrijheid door het panel verwoord. En die formule werkt begin jaren negentig. De populariteit van het programma stijgt snel. Wekelijks moeten miljoenen kijkers hard lachen om de rare fratsen van het panel. Bedrijven als leidend voorwerp in een entertainmentprogramma? De KRO doet het gewoon. Pas in 2004 valt na vijftien jaar het doek voor het tv-programma.

1990-2000: opkomst internet

Wat is er inmiddels geworden van Frits Bom? De 'Konsumentenman' landt in 1991 bij de nieuwe commerciële omroep RTL4, waar hij het tv-programma *De Vakantieman* mag presenteren. In dit live-studioprogramma met publiek gaat het niet primair om klachten, maar worden geregeld tests gepubliceerd van hotels, campings, pretparken en luchtvaartmaatschappijen. Ook kunnen reizigers per ingezonden brief de hulp van de Vakantieman inroepen: 'Vakantieman, wat vindt u hier nu van?' Het tv-programma en de nationale televisiecarrière van Bom eindigen in 1998.

1995 is een goed televisiejaar en levert twee nieuwe consumentenprogramma's op. Het tv-programma *Breekijzer* verschijnt bij RTL5, waar op dat moment programmadirecteur Fons van Westerloo de scepter zwaait, om kort daarna, met diezelfde Van Westerloo, te verhuizen naar SBS6. In het reality-programma komt presentator en programmamaker Pieter Storms zeer intimiderend op voor de individuele consument als deze er niet meer uitkomt met bureaucratische organisaties. Opererend vanuit een MPV als rijdend hoofdkwartier parkeert hij steevast voor de ingang van het hoofdkantoor, om vervolgens zijn overvaltactiek toe te passen op nietsvermoedende receptionistes en beveiligingsmensen. Niet zelden loopt hij gewoon door om pas te stoppen in het kantoor van de algemeen directeur. Dit levert wekelijks hilarische televisie op van personeel dat met paniek in de ogen en de hand voor de draaiende camera probeert Storms te stoppen. En beelden van onthutste directieleden die onder het dwingende oog van tv-kijkend Nederland de publicitaire schade willen beperken, snel inschikken en problemen oplossen. Pr-afdelingen zoeken naar een antwoord op deze tv-chantage. Er verschijnen instructies voor baliemedewerkers (Pieter Storms: 'Nee, ik wil geen koffie. Ik wil de directeur spreken.') en de 'overval' krijgt een vaste plaats in mediatrainingen. Uiteindelijk verdwijnt het programma in 2004 van de buis.

Als *Kieskeurig* in 1993 ophoudt te bestaan, zoekt de TROS een nieuw programma om het gapende gat in de programmering op te vullen. Met *Kassa* bij de VARA, *Ook dat Nog* bij de KRO en *De Vakantieman* bij RTL4 acht de programmaleiding een eigen consumentenprogramma alsnog dringend noodzakelijk. Daarom start in januari 1995 het betrekkelijk kritische tv-programma *TROS Radar*, dat evenals *Kassa* wekelijks live wordt uitgezonden. In de afgelopen zeventien jaar heeft het programma zich ontwikkeld tot een breed opgezet consumentenprogramma dat wekelijks zo'n twee miljoen kijkers trekt. Niet alleen behandelt presentatrice Antoinette Hertsenberg individuele problemen, ook wordt er een Koude Douche of Warme Douche uitgereikt aan bedrijven die het in de ogen van een klant extreem slecht of bijzonder goed doen. Elk jaar kiezen kijkers de slechtste tv-reclames van Nederland; de winnaar ontvangt de Loden Leeuw. De website heeft zich ontwikkeld tot een van de belangrijkste bronnen voor consumentennieuws van Nederland. Op het online forum discussiëren mensen uitgebreid en luidruchtig over een breed scala aan producten en diensten.

In de tweede helft van de jaren negentig krijgt internet in Nederland voet aan de grond en een steeds bredere verspreiding. Analoge inbelverbindingen worden vervangen door ISDN. En het 56K-modem kan aan de wilgen als kabelbedrijven breedbandinternet via de kabel bieden met de belofte van '24/7 always on'. Bedrijven zien een eigen website vooralsnog als een online variant van de corporate brochure en het jaarverslag. Van een dialoog met bezoekers aan de site is nog geen sprake. Uit in-crowd *bulletin boards* en Usenet groeien meer toegankelijke fora.

2000-nu: opkomst sociale media

Vanaf de eeuwwisseling ontwikkelen sociale media zich stap voor stap. De grote sociale netwerken en platforms die we vandaag de dag kennen, zijn echter nog in geen velden of wegen te bekennen. In deze fase zijn het vooral weblogs of blogs die als paddenstoelen uit de grond schieten. Als online chronologische dagboeken maken zij vanaf eind 1997 snel furore, ook in Nederland. Sommige weblogs zijn letterlijk dagboeken, andere ontwikkelen zich tot (semi)professionele thematische nieuwssites. Een belangrijk aspect is dat lezers voor het eerst kunnen reageren op blogposts, waardoor continu interactie mogelijk is tussen de blogger en zijn publiek.

In 2003 start GeenStijl, een opvallende nieuwkomer aan het firmament van weblogs. Opvallend vanwege de toonzetting: zwaar provocerend en sarcastisch, maar even zo vaak onbegrepen. Activistisch, beschuldigend en altijd man en paard noemend. Een zelfbenoemd rechts-populistisch tegengeluid tegen alle linkse media, en tegelijk uit principe politiek incorrect. Al snel ontwikkelt deze *shock log* zich tot een van de populairste blogs van Nederland. Een belangrijk aandeel in het succes heeft het lezerspubliek, dat er qua toon nog een schepje bovenop doet. Veelal anoniem, zeer kritisch en uitgerust met een fijngevoelige *bullshitradar* heten de reageerders al snel reaguurders. Met meer dan tweehonderdduizend unieke bezoekers per dag staat de website naar eigen zeggen al jaren in de top tien van best bezochte actualiteitensites.

Inmiddels is de Consumentenbond over zijn hoogtepunt heen. Bereikte de bond in 2001 een absoluut record met 620.000 leden, in 2003 is dit langzaam afgekalfd tot 600.000 leden. In de jaren die volgen verliest de Consumentenbond jaarlijks zo'n 20.000 leden, om in 2012 op 480.000 uit te komen.

Terwijl het aantal blogs groeit, lijken veel bedrijven nog niet te beseffen dat er een revolutie gaande is. Als pr-afdelingen al aan een vorm van online monitoring doen, is dat nog betrekkelijk simplistisch, via gratis online hulpmiddelen als Google of wellicht via Technorati.com, een gespecialiseerde zoekmachine voor de blogosphere. Het lijkt dan ook niet verwonderlijk dat de internationaal vermaarde slotenfabrikant Kryptonite in september 2004 de *blogstorm* niet ziet aankomen die hem ten deel valt. Een van hun fietssloten blijkt in dat jaar heel erg makkelijk met een BIC-pen te openen. Na de eerste blogposts volgen online filmpjes met demonstraties ('het kan dus echt!') en verspreidt het nieuws zich binnen enkele dagen wereldwijd als een lopend vuurtje. Na artikelen in de *New York Times* en via het internationale persbureau Associated Press stijgt het aantal views van relevante blogposts zelfs even naar 1,8 miljoen per dag.

Kryptonite ziet zich na tien dagen genoodzaakt tot een omvangrijke, wereldwijde *product recall*, maar moet zich tegelijkertijd verdedigen tegen het verwijt dat onvoldoende is geluisterd naar alle klachten van klanten. Uiteindelijk wisselt de slotenfabrikant 380.000 sloten om in een complexe, tijdvretende logistieke operatie.

Later claimt het bedrijf er vanaf het begin van de blogstorm bovenop te hebben gezeten, maar het duurde simpelweg dagen om een dergelijke omwisselactie voor te bereiden. Schuldbewust wordt toegegeven dat het vermoedelijk beter was geweest voor de reputatie van het merk als men eerlijker en open was geweest over de problemen en de beoogde oplossing.

Als journalist, auteur en blogger Jeff Jarvis in juni 2005 zijn frustratie van zich afschrijft op zijn blog BuzzMachine, heeft hij nog geen idee wat hij zal losmaken. Onder de inmiddels historische kop 'Dell lies. Dell sucks' beschrijft hij kort en krachtig zijn uitermate slechte ervaringen met het razendsnel gegroeide computermerk van Michael Dell:

'I just got a new Dell laptop and paid a fortune for the four-year, in-home service. The machine is a lemon and the service is a lie.
I'm having all kinds of trouble with the hardware: overheats, network doesn't work, maxes out on CPU usage. It's a lemon.
But what really irks me is that they say if they sent someone to my home — which I paid for — he wouldn't have the parts, so I might as well just send the machine in and lose it for 7-10 days — plus the time going through this crap. So I have this new machine and paid for them to FUCKING FIX IT IN MY HOUSE and they don't and I lose it for two weeks.
DELL SUCKS. DELL LIES. Put that in your Google and smoke it, Dell.'

Tot zijn stomme verbazing ontketent hij een ongekende volkswoede bij consumenten over de kwaliteit van de producten en de dienstverlening van het bedrijf. Klaarblijkelijk heeft hij een open zenuw geraakt met zijn blogpost. Het regent klachten, fora en blogs stromen over van de negatieve ervaringen van klanten en het begrip *haatsite* doet zijn intrede: op onder andere www.dellhell.com kan iedereen zijn frustratie over het bedrijf afreageren. Als de protestbeweging voldoende momentum heeft, springen ook de reguliere media op het nieuws en raakt de reputatie van het bedrijf ogenschijnlijk onherstelbaar beschadigt.

Dell weet lange tijd niet hoe het moet omgaan met alle online kritiek. Pas in juli 2006 lanceert het een eigen corporate blog, waarin chief blogger Lionel Menchaca maatregelen aankondigt, ontwikkelingen toelicht en het tot dan anonieme Dell een menselijk gezicht geeft. In februari 2007 zet het bedrijf een volgende stap met IdeaStorm.com, een platform waarop het klanten stimuleert met ideeën en suggesties te komen voor de verbetering van producten en diensten.

Inmiddels is Dell al jaren het braafste jongetje van de klas en volgt het bedrijf 24 uur per dag alle wereldwijde online buzz rondom het bedrijf vanuit een speciaal Social Media Listening & Command Center in de Verenigde Staten. Lokale pr-managers kunnen dag en nacht gewezen worden op issues die zich in hun omgeving ontwikkelen.

Als Steve Jobs van Apple in 2007 tijdens een van zijn fameuze presentaties de eerste iPhone lanceert, is hij vermoedelijk de enige die de gevolgen van deze 'game changer' volledig overziet. Niet alleen zet hij het speelveld van de mobieletelefoonindustrie volledig naar zijn hand, ook betekent het na de iPod de definitieve doorbraak van Apple naar een wereldwijd publiek. Maar nog belangrijker is de impuls die hij met de eerste smartphone geeft aan de sociale netwerken die in de jaren daarvoor zijn ontstaan. LinkedIn (2003), Facebook en Hyves (2004) en Twitter (2006) passen met speciale 'apps' voortaan in elke broekzak of handtas.

Consumenten hebben hun connections, friends, vrienden en followers altijd dichtbij. Als de kwaliteit van mobiele internetverbindingen toeneemt en smartphones hoogwaardige camera's krijgen, houdt niets consumenten meer tegen om in razend tempo foto's en video te maken en te delen met apps van Flickr, Instagram of YouTube. Ingebouwde gps-functionaliteiten bieden de mogelijkheid eenvoudig online te delen waar je bent door in te checken bij winkels, restaurants, hotels, et cetera en je al dan niet vernietigende *comments* achter te laten.

Dan wordt het april 2010. In de Golf van Mexico ontploft Deepwater Horizon, een boorplatform van oliemaatschappij BP, waarbij uiteindelijk dertien medewerkers tragisch omkomen. Een vulkaan van ruwe olie spuit met grote kracht uit de oceaanbodem. Snel handelen is noodzakelijk om een milieuramp van ongekende omvang te voorkomen. Het dichten van de oliebron op 1500 meter diepte blijkt technisch uitermate complex. Tot verbijstering van alle belanghebbenden blijft een snelle oplossing uit. Verongelijkte uitspraken en weinig invoelende acties van BP-directievoorzitter Tony Hayward wakkeren wereldwijd de verontwaardiging verder aan.

Inmiddels heeft BP onder zware druk van de Amerikaanse regering camera's op de zeebodem geplaatst. Iedereen met een laptop en een internetverbinding kan 24/7 livebeelden volgen van de spuitende olie. De *sense of urgency* is onmiskenbaar. Nooit eerder konden we een olieramp wereldwijd live volgen.

Online ontstaat een 'firestorm' tegen BP van ongekende omvang. De oliemaatschappij krijgt er ongekend van langs op

Twitter, Facebook, nieuwssites, blogs en fora. De reputatie van BP lijkt onherstelbare averij op te lopen.

Onvermoeibaar zet de Britse oliegigant alles op alles om onder andere via sociale media uiterst gedetailleerde voorlichting te geven over alle maatregelen die het bedrijf neemt om de verspreiding van de olie zo veel mogelijk tegen te gaan, om de besmeurde stranden van Louisiana tot Florida te reinigen en om gedupeerden zoals lokale vissers te compenseren voor de geleden schade.

Het lukt BP pas in juli om een tijdelijke afsluiter op het gat te plaatsen, waarna de oliebron uiteindelijk in september definitief wordt gedicht. Naar schatting is dan meer dan 200 miljoen gallon ruwe olie in zee gelopen.

Terug naar Nederland. De zoon van Youp van 't Hek ondervindt problemen met T-Mobile. Als de klantenservice van de mobiele provider het probleem wekenlang niet naar tevredenheid oplost, twittert de cabaretier er op 20 oktober 2010 stevig op los naar ruim 40.000 followers. Oude tijden lijken te herleven. Een tweede 'Buckler' ligt in het verschiet, denken zijn followers. Het webcareteam van T-Mobile komt snel in het geweer en benadert Van 't Hek dapper zonder aanzien des persoons. Wat kunnen we voor u doen? Stuurt u s.v.p. even een direct message met klantgegevens. Et cetera.

En precies dat schiet de cabaretier in het verkeerde keelgat. Want waarom reageert T-Mobile online razendsnel op hem, maar hebben ze de slepende klacht van zijn zoon tot dusver niet opgelost? Is dat omdat hij een BN'er is? Of omdat hij de reputatie heeft nogal venijnig uit de hoek te kunnen komen? Of vanwege zijn tienduizenden followers? Niets 'zonder aanzien des persoons', maar meten met twee maten, aldus Youp. Genoeg inspiratie voor een column in de daaropvolgende zaterdagkrant van *NRC Handelsblad*.

En daarmee escaleert deze klacht razendsnel naar een landelijke demonstratie van onvrede over grote bureaucratische organisaties met een onbereikbare en falende klantenservice of helpdesk. Youps tweets worden massaal geretweet, waarna blogs erop inspringen. Reguliere media als dagbladen, tijdschriften en actualiteitenprogramma's op televisie bieden de cabaretier vervolgens een platform om uitgebreid zijn verhaal te doen en zich als een Don Quichot op te werpen voor alle verdrukte consumenten.

Ondertussen probeert T-Mobile te redden wat er te redden valt. De mobiele provider komt op 26 oktober met publieke excuses. Althans, met een erkenning dat er fouten zijn gemaakt bij de zoon van de cabaretier en dat het bedrijf zich ervan bewust is dat niet alles vlekkeloos loopt. Van 't Hek is niet onder de indruk en stelt in een reactie dat hij dit verhaal wel kent. Volgens hem is er meer nodig om de mentaliteit van dit soort bedrijven om te gooien. Nog dezelfde dag vraagt de cabaretier consumenten hem hun 'lachwekkende ervaringen' met de dienstverlening van bedrijven te sturen. Ruim 6000 mensen e-mailen vervolgens hun verhaal. *NRC Handelsblad* biedt zijn columnist de helpende hand en wil gezamenlijk een magazine maken. Op 1 december verschijnt *De Help*, een eenmalig blad dat op 'vrolijke wijze de werkwijze van helpdesks blootlegt'. Hoofdredacteur van het magazine is, wie anders, Van 't Hek zelf. Met *De Help* eindigen zijn inspanningen, maar met alle commotie heeft hij de vinger op de zere plek gelegd: Nederlandse consumenten verwachten een betere service.

Samenvatting

In dit hoofdstuk zijn we met zevenmijlslaarzen door bijna 65 jaar klagen door consumenten in Nederland gelopen. Een geschiedschrijving op hoofdlijnen, die nauw samenhangt met de opkomst van de consumentenbeweging en met die van massamedia en sociale media. Daarbij hebben we verschillende roemruchte voorbeelden de revue laten passeren, variërend van de Exota-affaire in 1971 tot het verenigde consumentenprotest in 2000 over de dienstverlening van UPC Nederland. In de afgelopen tien jaar zagen we bovendien enkele kenmerkende nationale en vooral internationale socialemediacrises voorbijkomen, zoals Kryptonite, Dell, BP en, in Nederland, Youp en T-Mobile. Onderbelicht in dit hoofdstuk is de verschuiving in de toon waarop mensen klagen. Lange tijd deden vooral belangenbehartigers als consumentenorganisaties en -programma's het woord. Dat ging er vaak stevig aan toe. Consumenten zelf speelden een bescheiden rol en waren vooral meewerkend voorwerp in de jacht naar hogere kijkcijfers.

In de laatste tien, vijftien jaar is de houding van de individuele consument echter dramatisch veranderd. Mensen kennen hun rechten en komen luidkeels op voor hun belangen. Deze verruwing heeft een aantal, elkaar versterkende oorzaken:

Eendracht maakt macht
De consument heeft meer zelfvertrouwen, want hij staat niet meer alleen tegenover grote bedrijven en autoriteiten; via sociale media brengt hij eenvoudig medestanders op de been.

Anonimiteit
Mensen durven anoniem nu eenmaal meer te roepen en te schrijven, dan als ze met naam en toenaam bekend zijn; dat blijkt niet zelden uit verwensingen en zelfs bedreigingen.

Verruwing van de omgangsvormen
De algehele onvrede in de maatschappij en verruwing van de omgangsvormen; ik zal je mijn denkbeelden hierover besparen, ze vallen gelukkig buiten de context van dit boek.

Is er sinds het protest van Youp van 't Hek tegen T-Mobile dan niets meer gebeurd? Jazeker wel. Zelfs te veel om op te noemen. Weliswaar niet allemaal zo opvallend als in eerder genoemde voorbeelden, maar het lijkt erop dat consumenten een sport hebben gemaakt van vragen en klagen op internet. Of liever gezegd, sinds Youp het aan de stok kreeg met T-Mobile weten consumenten dat een toenemend aantal bedrijven online actief is. Grote bedrijven monitoren met webcareteams sociale media en maken er een sport van om razendsnel vragen te beantwoorden en klachten op te lossen. Zonder gekmakende wachttijden aan de telefoon ('op dit moment is het erg druk, belt u later nog eens'), zonder 'interactive voice-response' systemen ('toets 1 voor..., toets 2 voor...'), zonder callcenter-agents met beperkte bevoegdheden. En ook zonder tweedelijns helpdesk ('ik verbind u even door') waar je het hele verhaal nogmaals kunt uitleggen. In plaats van een uitblijvende 'first call resolution' (exusez le mot) hopen consumenten langzaam het walhalla van de 'one tweet fix' te mogen betreden, en zien veel organisaties zich voor een welhaast onmogelijke uitdaging gesteld. Want wat als klanten zich massaal op webcare storten als contactkanaal van hun voorkeur?

HOOFDSTUK 2 SOORTEN KLAGERS

Rick Wion is Director of Social Media bij McDonald's in de Verenigde Staten. Met een team van inmiddels elf medewerkers (tweeps) is hij onder andere actief op Twitter. Samen zoeken ze voortdurend naar nieuwe manieren om contact te onderhouden met de klanten van de fastfoodgigant. En dat lukt behoorlijk: begin 2012 telt het Twitter-account @McDonalds zo'n 250.000 followers en zijn elf medewerkers geen overbodige luxe om in dialoog te blijven over een breed scala aan onderwerpen.

Als hij op 18 januari 2012 wakker wordt, heeft Wion een heugelijke dag in het vooruitschiet. Zijn team heeft 's nachts een nieuwe campagne gelanceerd via Twitter, waarbij opvallend gebruik wordt gemaakt van de zogenaamde hashtag #meetthefarmers. Via tweets met deze hashtag zet McDonald's zijn leveranciers in het zonnetje en benadrukt de restaurantketen vrij opzichtig de voedselkwaliteit met tweets als:

'*A lot of love and passion goes into producing the beef for our burgers – evidence shown here: mcd.to/zlfnM1 #MeetTheFarmers*' en ook '*Meet Dirk Giannini, McDonald's lettuce supplier, as he shows u his life on the farm #MeetTheFarmers http://mcd.to/AyvF4M*'

Voor deze tweets betaalt McDonald's, zodat de berichten gedurende 24 uur duidelijk te vinden zijn bij de (promoted) trends op de homepage van Twitter. De eerste reacties op deze tweets zijn positief, aldus Wion. Zelfs boeren voelen zich geroepen om in te haken en positieve tweets uit te sturen.

Kort na het middaguur zet het team van Wion een volgende stap in de korte campagne. Volgens plan introduceren zij voor de tweede helft van de campagne een nieuwe hashtag: #McDStories. Hiervoor sturen ze een nieuwe tweet met een link naar een andere video:

'When u make something w/pride, people can taste it' – McD potato supplier #McDStories mcd.to/zIlXXu

Vrijwel direct gaat het mis. Wion en zijn mensen rekenden erop dat klanten van McDonald's de hashtag zouden aangrijpen om hun eigen positieve ervaringen met de hamburgergigant te delen. Ze hadden er echter niet verder naast kunnen zitten. Deze initiële tweet van McDonald's met de nieuwe hashtag brengt onverwacht een stortvloed op gang van berichten met negatieve ervaringen. De nieuwe hashtag is voor velen een katalysator om met hun eigen horrorverhaal over McDonald's te komen:

Dude, I used to work at McDonald's. The #McDStories I could tell would raise your hair.

One time I walked into McDonalds and I could smell Type 2 diabetes floating in the air and I threw up. #McDStories

Ate a McFish and vomited 1 hour later....The last time I got McDonalds was seriously 18 years ago in college..... #McDstories

Hospitalized for food poisoning after eating McDonalds in 1989. Never ate there agian and became a Vegetarian. Should have sued. #McDStories.

#McDStories: McDialysis? I'm loving it!

Het socialemediateam van McDonald's volgt de ontwikkelingen tijdens de Twitter-campagne op de voet. Al snel valt op dat de campagne out-of-control is. De tweets hebben stuk voor stuk een tegenovergesteld effect dan beoogd en schaden het merk. Na rijp beraad trekt Wion om vier uur 's middags, twee uur na de lancering van #McDStories en circa 1600 negatieve tweets verder, de stekker uit de 'rogue' hashtag en wisselt deze om voor #MeetTheFarmers voor de resterende tijd.

Eind goed, al goed? Mwoah, niet helemaal. De hashtag wordt weliswaar niet meer gepromoot op de homepage van Twitter, maar #McDStories heeft inmiddels een eigen leven gekregen. Dagenlang druppelen tientallen tweets met de gewraakte hashtag na, mede vanwege alle media-aandacht die de mislukte campagne in reguliere media krijgt. Onder andere de *LA Times*, *Forbes Magazine* en de populaire nieuwsblog *Huffington Post* berichten uitgebreid over deze #McFail. En zo werkt de campagne die bedoeld was om de reputatie van McDonald's op de vijzelen als een boemerang. Van #hashtag naar #bashtag. Daarvoor is klaarblijkelijk maar weinig nodig.

In de weken erna doet Rick Wion er alles aan om de publicitaire schade te beperken en de aantallen negatieve tweets te relativeren. In verschillende media meldt hij: 'Het is belangrijk om die aantallen (tweets, RvdA) in perspectief te plaatsen. Er waren 72.788 vermeldingen van McDonald's die dag en #McDStories was een klein percentage daarvan – ruwweg 2%.
Gezien het feit dat McDonald's meer dan 250.000 keer per week wordt vermeld op Twitter, is het zeer gemakkelijk om negatieve (of positieve) tweets eruit te pikken die niet representatief zijn voor het totaalbeeld.
De bottomline is dat het negatieve geklets niet zo erg was als je uit de krantenkoppen van vandaag zou kunnen afleiden. Dit (de campagne, RvdA) vond bijna een week geleden plaats. De hashtag wordt alleen nog gebruikt omdat veel media de kans aangrijpen om online een uitdagende en tweetable kop te gebruiken.'

De belangrijkste les van dit voorbeeld is dat werkelijk iedereen online kritiek op je organisatie kan hebben. De negatieve tweets met de hashtag #McDStories waren niet afkomstig van McDonald's-haters, van notoire zeurpieten of van invloedrijke stakeholdergroepen. Nee, deze tweets waren verstuurd door gewone mensen, klanten die regelmatig een BigMac kopen, maar die wel eens een negatieve ervaring hebben gehad bij een bezoekje aan een van de circa 13.000 'Golden Arches' in Amerika. Maar ook mensen die klaarblijkelijk latent ontevreden zijn over de wijze waarop McDonald's tot op de dag van vandaag omgaat met belangrijke issues als voedselkwaliteit, duurzaamheid, hygiëne en volksgezondheid. Mensen bovendien met een gezond wantrouwen tegen de communicatie van bedrijven in het algemeen. Voor hen was de campagne met betaalde, positieve tweets een druppel die de emmer deed overlopen. In plaats van dat ze zich geroepen voelden om een tweet te sturen over een van hun vele positieve belevenissen bij McDonald's, nam de hashtag de toch al lage drempel weg om het bedrijf collectief de oren te wassen. Als organisatie heb je geen honderd procent controle over sociale media, dat is wel duidelijk. Mensen bepalen nog steeds zelf of ze je geloven of niet. Als je zoals McDonald's sociale media primair gebruikt om 'goed nieuws' te zenden in plaats van een echte dialoog aan te gaan, zien mensen dat als propaganda om het blazoen van het bedrijf op te poetsen.

Wie is de klager?

Als ondernemer, ambtenaar, marketeer, pr- of customer-care-professional ken je je klanten door en door. Je doet veelvuldig diepgravend onderzoek naar hun mening over je organisatie. Of je hebt een fijn ontwikkeld fingerspitzengefühl waardoor je instinctief weet wat de wensen en behoeften van je klanten zijn. Bij online kritiek op je organisatie speelt echter een andere dynamiek. Klagers blijken al snel 'verminderd toerekeningsvatbaar': de vraag of klacht raakt hen persoonlijk en emoties kunnen snel oplopen, zeker als ze reageren op een 'met een kluitje in het riet'-reactie van je organisatie. Vanwege de vergrote zichtbaarheid van de vragen en klachten wil je tegelijk zelf zo snel mogelijk reageren. Je hebt immers een zeer klantvriendelijke instelling en hoe sneller je een klant weer tevreden kunt stellen, hoe beter. Hoe hartgrondig ik dat ook toejuich, het is verstandig bij elke vraag en klacht even pas op de plaats te maken en te analyseren wat voor soort klager het betreft.

Een bewuste inschatting van de klager biedt je namelijk de mogelijkheid nog beter rekening met hem te houden. Kun je bijvoorbeeld uit zijn bericht of uit zijn socialemediaprofiel herleiden of iemand klant is, een potentiële klant, een belangrijke stakeholder of een willekeurige geïnteresseerde? Dat bepaalt niet alleen jouw prioriteiten, maar ook jouw inhoudelijke reactie. Een korte analyse kan je bovendien behoeden voor een verkeerde reactie.

In dit hoofdstuk beschrijf ik daarom de belangrijkste beweegredenen van mensen om online te klagen. Vervolgens schets ik een aantal veelvoorkomende categorieën klagers met ieder een eigen gebruiksaanwijzing. Ten slotte inventariseer ik enkele speciale soorten klagers die vermoedelijk zeer herkenbaar zijn.

Waarom klagen mensen?

Je hoeft geen uitgebreid wetenschappelijk onderzoek te doen om te weten waarover mensen klagen. Als je ook maar een beetje onder de mensen komt, dan ontvouwt zich al snel een beeld van populaire onderwerpen om over te klagen. Aan de keukentafel, op verjaardagen, bij de koffiemachine op kantoor en in de voetbalkantine gaat het vooral over weer, werk, familie, vakantie, politiek, geld, verkeer, et cetera. Soms lijkt het wel of niets goed is. Waarom mensen klagen, is meestal minder duidelijk.

Auteur, crisismanager en klaagcoach Bart Flos inventariseert in *Het anti-klaagboek* uiteenlopende redenen waarom mensen klagen. Flos beschrijft bijvoorbeeld dat we verwend zijn geraakt in decennia van overvloed, in een land met een mild klimaat en met goede voorzieningen. We zijn daardoor niet voorbereid op narigheid als stroomstoringen, overstromingen of heftige sneeuwbuien. Treden die toch op, dan raakt het land ontregeld, met een litanie van klachten tot gevolg. Tegelijk zijn we volgens Flos als gevolg van een eeroud overlevingsinstinct geprogrammeerd om afwijkingen te detecteren en hierop te reageren door te vechten of te vluchten. 'Klagen is in die zin dan ook een geëvolueerde vorm van reageren op negatieve afwijkingen,' aldus Flos. Hij signaleert vervolgens dat er eveneens geklaagd wordt om erbij te horen, uit een soort saamhorigheidsgevoel. Klagen geeft blijkbaar een goed gevoel als je het samen doet. In het verlengde daarvan kan klagen uit pure gewoonte voortkomen, aldus Flos. Je kunt dat gedrag zomaar van je eigen familie meekrijgen als thuis op elke slak zout wordt gelegd en niemand deugt.

Klaarblijkelijk zijn er veel verschillende redenen om te klagen. Dat brengt ons bij de vraag of er ook specifieke redenen zijn om op internet te klagen. Wat beweegt mensen om online hun klachten te uiten? Welke factoren spelen allemaal een rol?

Lage drempel

In Nederland heeft meer dan 94 procent van de huishoudens een computer met een internetaansluiting. Daarnaast telt Nederland 8,2 miljoen mobiele internetaansluitingen. Nog nooit was het makkelijker om online over iets of iemand te klagen. Of tegen iemand of niemand in het bijzonder. Met een WhatsApp'je, een tweet of een Facebook-update, of op een van de vele andere plekken om te klagen (zie ook hoofdstuk 4), waar of wanneer dan ook. Bovendien kun je op internet anoniem klagen, of in elk geval denken mensen betrekkelijk snel dat ze anoniem zijn. En dat alles heeft de sluizen van kritiek wijd opengezet, zo lijkt het. Ook online pesten (cyber bullying), schelden, bedreigen en beledigen komen veelvuldig voor. In de relatieve anonimiteit van zolderkamertjes en keukentafels denken grote groepen mensen dat ze zich alles kunnen veroorloven en worden alle regels van betamelijkheid en goed fatsoen overschreden.

Onvoldoende kwaliteit

De belangrijkste reden om te klagen is wellicht ook de meest voor de hand liggende: de kwaliteit van je product of dienst is in de ogen van klanten onvoldoende. Op belangrijke objectieve criteria voldoet datgene wat je hebt geleverd helaas niet. Het is kapot of het is het verkeerde. Er ontbreekt misschien iets. Of wellicht is het te vroeg/laat, te veel/weinig, te klein/groot, te hard/zacht of te oud. Of het bedrag op de bon klopt niet. Kortom, je hebt gefaald en je klant presenteert je de rekening.

'Te hoge' verwachtingen

Een product of dienst kan soms niet voldoen aan de verwachtingen die de klant heeft. Daarmee betreden we ogenblikkelijk een hellend vlak. Want heeft de klant dan te hoge verwachtingen? En wat zijn die verwachtingen precies, hoe zijn ze tot stand gekomen en waarom zijn ze te hoog? Of ligt het daadwerkelijk aan wat er is geleverd? Waarom smaakt die dure fles Barolo de klant niet lekker? Waarom is deze voorstelling van Youp van 't Hek minder leuk dan de vorige? En is het echt zo raar dat je moet staan als je in de ochtendspits de intercity naar Utrecht neemt?
Bij te hoge verwachtingen als klachtenoorzaak gaat het enerzijds om aannames en percepties van klanten. Anderzijds heb je de verwachtingen mogelijk zelf opgeschroefd. Bewust of onbewust heb je de zaken iets te mooi voorgesteld. En nu zit je met de gebakken peren. Dat overkwam Apple eind september 2012 bij de lancering van de iPhone 5. Elke nieuwe iPhone is per definitie beter dan de vorige. Zo bouwt Apple keer op keer een hype rondom het nieuwste model. Bij de iPhone 5 vertoonde de eigen app Maps allerlei mankementen en kreeg Apple online (en offline) de wind van voren. En hoge bomen vangen veel wind.

Double-failureklachten

Hoewel klanten een onberispelijke dienstverlening verwachten, kan het gebeuren dat je ergens een steek laat vallen, waardoor een of meerdere klachten ontstaan. *Shit happens.* Klanten hebben daar meestal wel begrip voor en stellen je graag in de gelegenheid om de klacht snel en vakkundig op te lossen. Waar ze echter nooit, maar dan ook nooit begrip voor hebben, is als je de kans om het recht te zetten verprutst. Double failure: je product of dienst is ondermaats en je verprutst vervolgens je klantenservice. Bijvoorbeeld omdat je niet bereikbaar bent. Of omdat je monteurs pas over een week kunnen. Of omdat op de eerstvolgende factuur de beloofde restitutie in geen velden of wegen te bekennen is. Heus, dit is een basisrecept voor ziedende klanten.

Zoeken van medestanders

Mensen klagen ook om medestanders te zoeken met de gedachte 'samen staan we sterk', om samen een vuist te kunnen maken en te worden gehoord. Dat overkwam UPC Nederland in 2000 toen klanten zich verenigden op gebruikersfora. Klanten zoeken ook medestanders om ervaringen en informatie te delen, om elkaar te helpen het probleem op te lossen. Bijvoorbeeld op patiëntenfora, want gedeelde smart is halve smart. Of met informatie over een concrete oplossing ('als je de stekker er 30 seconden uit trekt...') of over de manier waarop ze jou als leverancier tegemoet kunnen treden ('je kunt ook de directeur Customer Service mailen op naam@bedrijfXYZ.nl'). Ten slotte zoeken mensen ook medestanders uit zelfbevestiging; hun geknakte zelfvertrouwen wordt enigszins hersteld ('hoe heb ik zo stom kunnen zijn...') als blijkt dat zij niet de enigen zijn met een probleem met jouw bedrijf. Nog beter: als blijkt dat andere mensen er nog veel slechter aan toe zijn.

Steeds minder accepteren

Met dat geknakte zelfvertrouwen van klanten valt het overigens behoorlijk mee. Sterker, in de loop van de afgelopen vijftien jaar kregen mensen langzaam door dat bedrijven kwetsbaar zijn geworden voor kritiek op internet. Tegelijk weten ze feilloos wat hun rechten als consument zijn. Met de sterk toegenomen welvaart is bovendien de lat van verwachtingen steeds hoger komen te liggen ('ik betaal er flink voor, dan mag ik ook eisen stellen...'). Gecombineerd met de verregaande maatschappelijke verruwing levert dat een explosieve grond voor klagen. Klanten accepteren het simpelweg niet als er iets fout gaat en leveren onomwonden en niet zelden op hoge toon kritiek.

Omdat het kan

Mensen leveren ten slotte kritiek simpelweg omdat het kan. Zo is klagen doelloos en ligt zeuren om de hoek. Op fora zoals forum.trosradar.nl, Viva.nl, Maroc.nl en Zwangerschapspagina.nl is dat duidelijk te zien: mensen willen meepraten, erbij horen en erkenning. Of ze gaan van nature piekerend en tobbend door het leven met een glas dat altijd halfleeg is.

'Vroeger werden de koekjes die je bij de bakker kocht in een papieren zakje gedaan, dat nadat het geledigd was in de koekjestrommel *thuis nog eens dienstdeed als zakje voor het lunchpakket van vader en vervolgens gewoon kon worden weggegooid. Limonadesiroop zat in een statiegeldfles, zo ook limonade met prik. Tegenwoordig zit in of aan alle emballage plastic waardoor het niet recyclebaar is, denk aan melkpakken. Vroeger zat het in statiegeldflessen, werkte perfect. Men produceerde vroeger gewoon veel minder afval in verhouding tot de hedendaagse tijd. Waarom moet alles wat jaren achtereen goed werkt anders waarvan we nu de naweeën ondervinden? Alle afval moet meer en meer gescheiden worden. Produceer dat dan gewoon niet!'* Aldus een bericht van 'troubleshooter' op forum.www.trosradar.nl.

Internet geeft klagers een podium en zie, daar zijn ze. Het gaat zelden over actuele klachten, maar vooral over een vroegere ervaring ('toen ik daar nog werkte...'), of over een ervaring van iemand anders ('nou, de schoonzus van mijn buurman...'). Kortom, over klachten die zelden concreet of actueel zijn en die je dus maar lastig kunt oplossen.

Soorten klagers

Hoe sneller je weet met welke categorie klager je te maken hebt, hoe sneller je een adequate interventie kunt doen die de klager tevredenstelt. Mogelijk besluit je zelfs bewust af te zien van een reactie omdat je bijvoorbeeld geen olie op het vuur wilt gooien. Het indelen van klagers in een categorie is echter razend lastig. Ze laten zich maar moeilijk in een hokje duwen. Bovendien is er geen waterdichte indeling van klagers. De indeling hierna moet je dan ook lezen als verschillende stereotyperingen, gebaseerd op omschrijvingen van het zo kenmerkende gedrag van de klagers. Of het nu de eenmalige klager, de dreigende klager of een klager uit een van de vijf andere categorieën betreft, voor de duidelijkheid heb ik hun gedrag iets uitvergroot. Dat maakt hun klachten overigens niet minder serieus. Of liever: niet minder serieus te nemen.

De eenmalige klager

De eenmalige klager is geen klager. Of liever, hij was tot dusver geen klager. Wat is er dan veranderd? Wat heeft de eenmalige klager doen besluiten alsnog online een klacht of kritiek te publiceren? Als je van nature geen klager bent, moet een bedrijf het immers wel heel bont maken wil je over de drempel stappen en publiekelijk je frustratie uiten.

Precies daarom moet je de eenmalige klager uiterst serieus nemen. Vaak heeft de eenmalige klager al geprobeerd je te bereiken via de telefoon of per e-mail en heb je hem onvoldoende geholpen. Zijn tweet, status update of blogpost is een schreeuw om aandacht. Als je hem snel met een empathische reactie, de juiste informatie en/of een oplossing voor zijn probleem tegemoetkomt, zal hij weer tevreden zijn en kun je hem als fan en klant behouden. Andersom geldt: als je deze laatste kans ook verprutst, creëer je een criticus en verlies je een klant.

Advies – De eenmalige klager biedt een schot voor open doel om indruk te maken met de manier waarop je vragen en klachten afhandelt. Met een snelle en adequate reactie creëer je niet alleen een fan, maar wellicht zelfs een ambassadeur voor je merk.

De repeterende klager

Repeterende klagers vallen uiteen in twee categorieën, namelijk mensen met herhaalde klachten en mensen die graag klagen. De klager met herhaalde klachten is vergelijkbaar met de eenmalige klager: hij is simpelweg een serieuze klager, alleen heeft hij niet één probleem, maar telkens opnieuw een probleem. Alsof de duivel ermee speelt, wordt hij getroffen door alle ellende die een klant maar met je organisatie kan hebben. Dat kan stom toeval zijn en dan is de klager met herhaalde klachten een uitzondering. Als er echter meerdere klagers zijn, dan is er iets serieus mis. Het is in dat geval de hoogste tijd om eens kritisch naar de kwaliteit van je producten en dienstverlening te kijken. De klager die graag klaagt, is gelukkig eenvoudig te herkennen. Zijn timeline staat vol met ellende, onvrede, ongemakken en #fail's. Deze klager is zelden tevreden te stellen en lijkt zijn status te ontlenen aan ongezouten kritiek uiten op alles en iedereen. Hoewel, status?

Advies – De herhaalde klager verdient serieuze aandacht, maar geef de repeterende klager die graag klaagt minder prioriteit dan de eenmalige klager. Niet alleen is hij zelden tevreden, ook maakt hij met zijn oeverloze gemopper geen indruk meer bij zijn resterende friends en followers.

De 'zakelijke' klager

De 'zakelijke' klager is iemand die zijn klacht graag zo efficiënt mogelijk opgelost ziet en daarvoor het meest effectieve kanaal zoekt. En als dat internet is, dan vind je hem op Twitter, Facebook of een klachtenforum. Hij is niet bijzonder teleurgesteld in het bedrijf of merk, hij wil slechts een oplossing. Zijn tweets zijn feitelijk, goed onderbouwd en bieden voldoende aanknopingspunten om snel in actie te komen en hem te helpen.
Maar vergis je niet in de 'zakelijke' klager. Zijn lat ligt uitermate hoog. Hij betaalt voor de producten en diensten die je levert. Daarom vindt hij het niet meer dan logisch dat hij goed wordt geholpen. Als service echter uitblijft, dan heb je een heel slechte aan de zakelijke klager en kan hij uitgroeien tot een dreigende klager.

Advies – Val de zakelijke klager via sociale media zo weinig mogelijk lastig met vragen en toelichtingen. Dat leidt snel tot irritatie. Bel zo nodig als je hem daarmee sneller kunt helpen.

De ongeduldige klager

Als er een klager is die je kan opjagen, dan is het wel de ongeduldige klager. Hij heeft een vraag, probleem of klacht en hij eist NU een antwoord of oplossing. En als dat niet lukt, heeft de ongeduldige klager daar geen enkel begrip voor.
Om zijn klacht kracht bij te zetten, grijpt hij dan ook naar zwaardere middelen. Hij schroomt niet zichtbaar te maken dat

je in gebreke blijft, bijvoorbeeld door publiekelijk bij te houden hoe lang hij al wacht op een reactie: '@XYZ, u hebt al 10 minuten niet gereageerd.' En na vijftien minuten: '@XYZ, er zijn alweer 5 minuten verstreken, ik wacht nu al 15 minuten.'

Dit kan allemaal behoorlijk op je zenuwen werken. De ongeduldige klager krijgt niet zelden ondernemers en webcareteams in de gordijnen. De natuurlijke en begrijpelijke reflex is meestal om je op te laten jagen of om hem bewust een tijdje te negeren. Beide zijn niet bevorderlijk voor een correcte afhandeling.

Advies – Laat de ongeduldige klager zo spoedig mogelijk weten dat je zijn klacht hebt opgepakt en geef een reële inschatting hoe lang het gaat duren. Als je langer nodig hebt, laat je dat liefst vroegtijdig weten en leg je uit waarom. Excuseer je voor de extra tijd die je nodig hebt.

De connected klager

Van alle online klagers is de connected klager in potentie het gevaarlijkst voor de reputatie van je organisatie. Gelukkig is hij net als de repeterende klager eenvoudig te herkennen.

De connected klager beschouwt sociale media als een natuurlijke leefomgeving. Hij heeft profielen op een groot aantal netwerken en platforms, post meerdere malen per dag, heeft een meer dan gemiddelde tot grote schare invloedrijke connections, friends en followers en is een echte content creator: hij gebruikt regelmatig zijn smartphone om foto's of video's te maken van gekke of opvallende zaken.

De connected klager heeft simpelweg de kennis, de tools en het bereik om zijn vraag of klacht kracht bij te zetten. Hij weet precies hoe hij een klacht moet posten zodat deze de meeste impact heeft. Hij maakt in een oogwenk een vernietigende video, plaatst deze op zijn Facebook-timeline of op jouw fanpage, gebruikt de juiste (hash)tags en voert de druk om te reageren snel op. Daarmee is hij een factor van jewelste om rekening mee te houden.

Advies – Behandel de connected klager zoals je de eenmalige klager behandelt. Bied snel en professioneel een oplossing. Sluit de vraag, klacht of discussie daarna af op sociale media, zodat iedereen ziet dat je daadwerkelijk adequaat hebt gereageerd. Schrijf bijvoorbeeld: 'Fijn dat we je van dienst hebben kunnen zijn. Mochten er in de toekomst nog vragen zijn, dan horen we dat graag.'

De dreigende klager

De dreigende klager is ongetwijfeld een bekend verschijnsel. Hij pikt het niet langer en eist op hoge toon dat zijn klacht wordt opgelost. Hij heeft er geen vertrouwen in dat je dat spontaan zult doen. Dat kan zijn omdat je een bedenkelijke reputatie hebt als het gaat om klantenservice. Of omdat hij frustrerende ervaringen heeft met bedrijven. Ook kan hij worden opgestookt door de ervaringen van anderen, berichten in fora of artikelen in kranten en blogposts.
Hoe dan ook, de dreigende klager zoekt een stok om de hond te slaan. Dus dreigt hij, bijvoorbeeld met een mail naar *TROS*

Rader of VARA's *Kassa*. Of met een klacht bij het ministerie van Economische Zaken dan wel de Autoriteit Consument & Markt. Soms krijg je een brief van de advocaat van de dreigende klager, die een kort geding voorspelt. Een enkele keer laat de dreigende klager weten wel even langs te komen of dreigt hij expliciet met fysiek geweld.

Het wordt pas echt eng als de dreigende klager je 's avonds onverwachts belt op je mobiele telefoon (tja, die stond inderdaad op je LinkedIn-profiel) en niet tot rede is te brengen. Of als hij, nadat hij bij de Kamer van Koophandel priveadressen van bestuurders heeft achterhaald, een boze brief afgeeft aan je kinderen die op dat moment alleen thuis zijn (geloof me, het gebeurt).

Advies – Negeer de CC's aan *TROS Radar* en *Kassa*. De mailbox stroomt daar over. De kans dat ze deze ene klacht zullen oppakken, is heel klein. Wees duidelijk naar de dreigende klager: je wilt hem snel helpen, maar alleen als hij bereid is zijn toon te matigen. Bij herhaald dreigen moet je serieus overwegen een einde te maken aan de relatie met deze klant en aangifte te doen bij de politie.

De stalkende klager

De stalkende klager wordt wel eens verward met de dreigende klager, zeker als deze de privésfeer van managers en bestuurders weet binnen te dringen. Tegelijk heeft de stalkende klager ook iets van de repeterende klager, met name van de klager die graag klaagt. De stalkende klager is namelijk een klager die vindt dat hij tekort is gedaan. Zijn klacht is niet naar wens opgelost of zijn vraag is onvoldoende beantwoord. Hij hunkert naar begrip, erkenning en genoegdoening, maar jij hebt het maximale gedaan en bent klaar met zijn problemen. Daar neemt hij echter volstrekt geen genoegen mee. Hij 'stalkt' je bedrijf of merk online, belaagt directieleden met vragen en beschuldigingen, reageert online op alles en iedereen die ook maar iets over je schrijft en zoekt naar lotgenoten en medestanders.

De stalkende klager voert windmolengevechten die jaren kunnen duren. Als een Don Quichot bouwt hij aan dossiers, maakt hij analyses en vergelijkingen en weet hij af en toe de aandacht te trekken van reguliere media. Als zijn klacht ooit wordt opgelost, lijkt zijn bestaansrecht weg te vallen. Tenzij hij een nieuwe windmolen vindt.

Advies – Steek geen tijd meer in de stalkende klager. Dit is een gebed zonder einde. Indien hij een klant is, stel dan voor de wederzijdse relatie te beëindigen. Help hem desnoods overstappen naar een concurrent.

Speciale klagers

Naast voorgaande stereotyperingen mogen een paar speciale categorieën klagers niet onvermeld blijven. Zij zorgen meer dan gemiddeld voor onrust binnen je organisatie en soms zelfs voor blinde paniek bij de klantenservice, de afdeling publiekszaken of de pr-afdeling.

Eigen medewerkers

De categorie speciale klagers die met afstand als eerste moet worden genoemd, zijn eigen medewerkers. Als eigen medewerkers online klagen, kan dit grote gevolgen hebben voor de werksfeer en motivatie van collega's. De externe effecten kunnen echter minstens zo schadelijk zijn en bijvoorbeeld een negatief effect hebben op de reputatie van je organisatie. Klagende medewerkers zijn namelijk betrouwbare bronnen voor bijvoorbeeld bloggers en journalisten. Vanwege de ruime mogelijkheden om op internet via anonieme profielen te klagen, kunnen ontevreden medewerkers uiteindelijk eenvoudig klokkenluiders worden.

Advies – Voorkom dat medewerkers op externe sociale media klagen. Stimuleer een open online discussie op je intranet of via corporate sociaalnetwerkplatforms zoals Yammer of Jive. Herinner medewerkers aan eventuele afspraken over geheimhouding en representativiteit. Bied zo nodig handvatten voor online gedrag met speciale socialemediarichtlijnen.

Concurrenten

Klagen concurrenten over jouw organisatie? Het is je vermoedelijk nog nooit opgevallen. Het valt echter niet uit te sluiten. De mogelijkheid om via anonieme of valse socialemediaprofielen ongefundeerde kritiek, verzonnen klachten en geruchten te posten, haalt soms het slechtste in concurrenten naar boven.

Klaarblijkelijk hebben ze er veel voor over om je succesvolle organisatie onderuit te halen.

Gelukkig lijkt de klagende concurrent niet zo veel voor te komen. Dat heeft misschien wel te maken met het zelfcorrigerend vermogen van sociale media: je fans en ambassadeurs zullen de onterecht klagende concurrent al snel corrigeren. Sterker, als blijkt dat de klager eigenlijk een concurrent is, komt alle vals gespuide kritiek als boemerang terug en is hij nog verder van huis.

Advies – Als je twijfelt aan de oprechtheid van een online klacht, reageer dan begripvol en vraag meer informatie van de 'klant'. Vermoedelijk blijft een reactie uit en kun je de klacht na enkele dagen afsluiten met een bericht als: 'We hebben niets meer van u vernomen. Mogelijk is uw vraag reeds beantwoord. Mocht u in de toekomst, et cetera...'

Journalisten

Journalisten vormen een speciale categorie klagers omdat ze verschillende petten hebben: niet alleen die van consument, klant of burger die worstelt met een vraag of klacht, maar ook die van journalist. Aangezien veel journalisten ook actief zijn op sociale media, is de kans groot dat zij hun onvrede online uiten. Je zult begrijpen dat speciale aandacht voor deze categorie nodig is om te voorkomen dat klachten escaleren en leiden tot artikelen of reportages.

In een worstcasescenario ontpopt de klagende journalist zich tot een dreigende klager. Hij zal zich in dat geval bij je melden met een tweet of een update op je Facebook-wall, maar houd ook rekening met een e-mail of een telefoontje. Hij stelt zich bijvoorbeeld voor als journalist van een groot landelijk dagblad of als redacteur van een tv-programma. Vervolgens stelt hij direct zeer beschuldigende vragen: 'Waarom is het na vijftien keer bellen en in totaal 358 minuten in de wacht te hebben gestaan niet gelukt de klacht van deze mijnheer op te lossen?' Met enig doorvragen blijkt het te gaan om een persoonlijke negatieve ervaring, of om een klacht van familie, vrienden of buren. Hij zegt dat hij een groot artikel wil schrijven en dat hij antwoorden wil. Pronto. Tussen de regels door hoor je echter dat hij simpelweg wil worden geholpen.

Advies – Stel de journalist voor onderscheid te maken tussen de klacht en de persvraag. Geef aan dat je eerst de klacht wilt oplossen en dat het aan hem is of hij daarna nog een artikel of reportage wil maken. Op vragen over de oorzaak van het probleem geef je aan je eerst te concentreren op de oplossing. Dat heeft jouw hoogste prioriteit.

Vips

Vips en celebrity's kunnen geregeld de verleiding niet weerstaan om dezelfde tactiek te gebruiken als klagende journalisten. Zij zijn iemand en ze eisen op hoge toon dat jij doet wat ze vragen: een probleem oplossen, informatie verschaffen, wat dan ook. Stel je een bekende dj voor met duizenden followers op Twitter en een wekelijks radioprogramma, de burgemeester van je stad, of een tv-persoonlijkheid met een zeer actieve schare fans op Facebook die wekelijks in allerlei (ochtend)programma's verschijnt. Denk vooral ook aan de corporate stakeholders rondom je organisatie: lokale en landelijke politici, toezichthouders, vertegenwoordigers van zakenpartners, banken, beleggers en belangenorganisaties, et cetera. Meer en minder subtiel kunnen zij contact laten zoeken, bijvoorbeeld via een assistent of een secretaresse. Of ze doen dat luid en duidelijk via een tweet, post of zelfs in een radio- of tv-uitzending. De boodschap is helder en de dreiging meestal impliciet: regel het.

Advies – Zijn de vragen van de vip redelijk, dan is het simpelweg een klant die je helpt. Zijn de eisen buiten proportie, geef dan duidelijk aan waar je dienstverlening normaal gesproken stopt. Bepaal voor jezelf hoe ver je de vip vervolgens tegemoet wilt komen. Welke belangen spelen er? Hoe snel kan de vip je reputatie beschadigen? Valt er eventueel een sponsor- of reclameafspraak te maken?

Trollen

Op websites, fora en andere sociale media is een 'trol' een – meestal anonieme – persoon die berichten plaatst met het doel voorspelbare, emotionele reacties van andere mensen uit te lokken, aldus Wikipedia. De trol kan ook verwarring stichten door desinformatie te geven. Hij laat met liefde discussies ontsporen door mensen tegen de haren in te strijken of tegen elkaar op te zetten. Trollen zijn meestal vrij intelligent, gaan zeer listig te werk en houden als geen ander van oeverloos discussiëren. Ze zijn hopeloos verslaafd aan aandacht. Dat is tegelijkertijd hun zwakheid.

Het zal duidelijk zijn, trollen zijn een gevaarlijke categorie klagers als zij hun onverdeelde aandacht op een organisatie of een persoon richten en aan de slag gaan met kritiek, beweringen, geruchten, insinuaties en leugens. Trollen zijn dan ook de pyromanen van internet: zij hebben geen enkel ander doel dan het vuurtje lekker op te stoken en tevreden het vernietigende resultaat in ogenschouw te nemen.

Advies – Beheers je en laat je niet uit de tent lokken. Reageer bij voorkeur niet, maar blijf de zaak monitoren. Is het alsnog belangrijk te reageren, blijf dan altijd kort en zakelijk. Geef een trol geen aanleiding de boel in beweging te brengen.

Dorpsgekken

Je kent ze wel, mensen in je buurt waar een klein steekje aan los lijkt te zitten. Die dagelijks uren naar een boom kunnen staren of op elk moment van de dag het verkeer proberen te regelen op een kruispunt met stoplichten. Ze stellen iedereen in de winkelstraat dezelfde vraag of schreeuwen boos dat je ergens niet mag lopen. Ze zijn warrig, onverstaanbaar en onvoorspelbaar. Een beetje eng zelfs. Dorpsgekken noemen we hen enigszins denigrerend.

Er zijn ook dorpsgekken op internet en ze vertonen min of

meer hetzelfde gedrag. Ze presenteren zich soms bescheiden en soms met veel bombarie op Twitter, Facebook of in een forum, maar hun vraag of klacht is verre van duidelijk. Je krijgt er zelfs geen goed beeld van of het überhaupt wel een vraag of klacht is. Meestal weten ze het zelf ook niet. Ze willen in elk geval iets aan je kwijt. En mochten ze je e-mailadres achterhalen of zelfs je mobiele nummer, dan schromen ze niet om je te mailen of te bellen. Je bent alleen niet zomaar van hen af. Dorpsgekken blijven contact zoeken. Daarmee lijken ze op een repeterende klager of zelfs op een stalkende klager. Als ze boos worden omdat ze het gevoel hebben dat je geen aandacht geeft, kunnen ze dreigen. Dorpsgekken zijn veelal eenzaam en snakken naar aandacht. Ze zijn echter geen trollen, ze willen niemand kwaad doen.

Advies – Toon compassie voor dorpsgekken. Laat indien nodig je sociale gezicht zien. Bedank hen voor hun tijd, inbreng, aandacht en informatie. Ga niet in discussie. Voorkom onnodig tijdverlies.

Samenvatting

Mensen klagen op internet om verschillende redenen. Hoewel deze redenen niet altijd direct uit de eerste tweet, post of update zullen blijken, baseer je mede daarop je besluit om al dan niet te reageren. Sommige redenen om te klagen zijn immers heel praktisch van aard en vloeien voort uit concrete vragen of klachten, of uit te hoge verwachtingen die je niet hebt kunnen waarmaken. Een andere belangrijke factor voor online klagen is de lage drempel, in combinatie met het feit dat menen steeds minder accepteren van organisaties.

Om straks in actie te kunnen komen en te reageren op kritiek met effectieve interventies is het belangrijk dat je precies weet wie er klaagt. Klagers zijn echter net mensen en laten zich lastig in een hokje duwen. Er is dan ook niet zoiets als een waterdichte indeling van klagers, klachten en de juiste interventie.

Als je klagers goed analyseert, herken je zeker zeven verschillende stereotypen: de eenmalige klager, de repeterende klager, de zakelijke klager, de ongeduldige klager, de connected klager, de dreigende klager en de stalkende klager. Deze stereotyperingen zijn gebaseerd op het feitelijke gedrag van de klagers. Daarnaast zijn er een paar categorieën speciale klagers: medewerkers, concurrenten, journalisten, vips, trollen en dorpsgekken. Zij zorgen meer dan gemiddeld voor onrust binnen je organisatie en verdienen speciale aandacht. Of juist niet.

HOOFDSTUK 3 DE ONLINE ESCALATIETHERMOMETER

De Razende Bol is een grote zandplaat tussen Den Helder en Texel. Het Noorderhaaks, zoals de zandplaat van vele hectaren officieel heet, ligt hinderlijk in de weg als je van de Noordzee naar het Marsdiep wilt varen. Of zwemmen, zoals op 12 december 2012 een gedesoriënteerde bultrugwalvis probeert te doen, om vervolgens op de zandplaat te schuiven. Het is niet de eerste walvis die in de problemen komt op een Nederlands strand. Bultruggen leven echter in de diepe wateren van de Atlantische Oceaan en zijn een zeldzaamheid in de Noordzee. Verschillende organisaties schieten het twaalf meter lange dier te hulp, waaronder Ecomare, de KNRM, defensie, het Instituut voor zeeonderzoek NIOZ en IMARES. Als het donker wordt, moeten de hulpverleners zich echter terugtrekken.

Donderdag 13 december 2012

Bij het eerste licht constateren de hulpverleners dat de bultrug nog leeft. Het is eb en het dier ligt hoog en droog op de zandplaat. Een reddingspoging is op dat moment kansloos. De vooruitzichten voor de walvis zijn slecht. Het dier is sterk verzwakt en lijkt in slaap. Als aan het einde van de middag bij opkomend tij de bultrug toch tekenen van leven vertoont, zetten Ecomare en de KNRM een ultieme reddingsoperatie op. Om de walvis met netten en touwen weg te kunnen slepen worden vijf boten ingezet. Als de duisternis invalt, licht een helikopter de redders bij. De actie mislukt jammerlijk als een van de netten die om het dier zijn aangebracht knapt.

Ondertussen is er veel onbegrip over deze reddingspoging en ontstaat enorme publieke commotie. In de dagen die volgen, verschijnen online ruim vierhonderd artikelen op verschillende websites. In dezelfde periode worden 190.000 berichten gepost op sociale media. Twitter voert daarbij met 121.000 berichten de bronnenlijst aan. Een deel van de berichten betreft het tweeten en retweeten van reguliere nieuwsberichten. Een ander, groot deel betreft echter kritiek op de hulpverleners en de betrokken dieractivisten.

@112rotterdam112: *We kunnen #expeditievoertuigen op #mars afleveren maar geen #bultrug terug zee in slepen?! #RT=FAIL*

@wendynuman: *#greenpeace waarom gaan jullie niet helpen met scheppen of zo bij die bultrug en staan jullie wel bijna dagelijks donateurs te werfen #geld*

@mariannethieme *In jedem Menschen steckt ein Philosoph. 'Wat als de bultrug nou een spin was geweest?' En dan zulke diepzinnigheden ook nog willen delen...*
(13/12 21.18 uur)

Vrijdag 14 december 2012

Burgemeester Giskes van Texel kondigt in de loop van de ochtend een gebiedsverbod af rond de zandbank waar de bultrug ligt. Er zal geen nieuwe reddingspoging worden gedaan. De Partij voor de Dieren lijkt zich hierin te berusten.

Bultrug Johannes zal rust vinden op Razende Bol. @Ecomare, @KNRM en defensie hebben gedaan wat ze konden.
(14/12 12.01 uur)

In de loop van de middag komt er alsnog een particulier reddingsinitiatief op gang van onder andere het schip Sea Shepherd. Burgemeester Giskes houdt vast aan het advies van Ecomare en krijgt van het ministerie van EZ (waaronder Landbouw valt) toestemming om het dier te laten inslapen. Korte tijd later arriveren dierenartsen van het Dolfinarium op de zandplaat. Lenie 't Hart van de gelijknamige zeehondencrèche in Pieterburen weet dan hoe laat het is.

Afschuwelijk! Dolfinarium is bij #bultrug, bezig om hem dood te spuiten. #Walvisredders mogen er niet bij. #Bultrug slaat nog met staart.#fb
(14/12 18.49 uur)

Na een uitgebreid onderzoek door de dierenartsen krijgt Johannes, zoals de bultrug inmiddels bijna liefkozend heet, rond 20.00 uur een grote dosis slaapmiddel toegediend. Marianne

Thieme van de Partij voor de Dieren is bijzonder ontstemd over de gang van zaken:

Euthanasie is niet echt het verlossende woord als het over #bultrug gaat. Laatste reddingspoging doelbewust gedwarsboomd #dolfinarium
(14/12 22.13 uur)

Het Dolfinarium reageert furieus. 'Wij vinden het onbegrijpelijk dat een volksvertegenwoordiger dit soort grove beschuldigingen mag maken zonder te checken,' tekent *de Volkskrant* op uit de mond van directeur Marten Foppen.

Zaterdag 15 december 2012

Johannes blijkt nog in leven. Het slaapmiddel dat hem had moeten laten sterven, heeft duidelijk niet geholpen. Euthanasie op een bultrug is sowieso lastig, niet alleen vanwege de omvang van het beest, maar ook vanwege de dikke vetlaag om het lichaam, waardoor spieren met een injectienaald lastig te bereiken zijn. SeaShepherd stookt het vuurtje vervolgens verder op.

#bultrug Johannes heeft onze hulp nodig. Kom met vele naar Den Helder #directaction #fortheoceans
(15/12 13.51 uur)

Het Dolfinarium vindt een tweede euthanasiepoging te gevaarlijk. Johannes zwiept af en toe vervaarlijk met zijn staart. De nacht valt. Dierenactivisten lijken zich ongerust te maken over de gemoedstoestand van burgemeester Giskes.

@RNTGBLS @gemeentetxl slaapt u #burgemeester nog wel goed. Onnodig lijden van een #bultrug kleeft aan haar. Ze is haar naam Francine onwaardig.
(15/12 23.39 uur)

Zondag 16 december 2012

Een dag later blijkt Johannes alsnog dood. Het is de bedoeling de dode walvis zo snel mogelijk van de Razende Bol te halen. Experts van natuurmuseum Naturalis zullen het dier ontleden en nader onderzoeken. Lenie 't Hart, die in enkele dagen tijd het aantal followers op Twitter bijna zag verviervoudigen tot zo'n 6000, twittert verbolgen maar voorbarig:

De lijkenpikkers van #naturalis zijn de #bultrug al aan het ontleden. Ze konden niet wachten. #fb (16/12 15.03 uur)

Nog geen uur later moet ze daarop terugkomen:

#naturalis sorry jullie zijn nog niet bij de bultrug. Het stond op jullie twitter dat jullie bezig waren.#fb
(16/12 15.50 uur)

Na de dood van Johannes roepen alle partijen dat een protocol noodzakelijk is voor het geval er weer een groot zeezoogdier aanspoelt. In het daaropvolgende Kamerdebat stelt PVV'er Dion Graus Kamervragen over 'de onnodige dagenlange martelgang van bultrug Johannes'. Minister Kamp van Economische Zaken kondigt aan het reddingsprotocol voor orka's, dat al in voorbereiding is, uit te breiden.

Terugkijkend op die paar dagen in december is er sprake van een ongekend heftige online buzz rondom de bultrug. Daarbij wordt zeer geëmotioneerd fikse kritiek geleverd op beslissingen van de autoriteiten en direct betrokken deskundigen. Waarom kon deze online vloedgolf aan berichten over een gestrande bultrug zo hoog oplopen? Dat lijkt een combinatie van factoren. Ten eerste betrof het een ontzagwekkend (zoog)dier met een onverwacht hoog knuffelgehalte. De walvis werd welhaast menselijk: het beest kreeg een naam (het bleek achteraf overigens een Johanna in plaats van een Johannes), kreeg menselijke emoties toegedicht ('Johannes leek te berusten in z'n situatie') en had volgens dierenactivisten zelfs tranen in de ogen.
Daarnaast was er een stevige polemiek tussen hulpverleners onderling die elkaar voortdurend tegenspraken en al ruziënd over de zandplaat rolden. Aan de ene kant was er het kamp van de officiële hulpverleners met de gemeente, de KNRM, de kustwacht, defensie, Ecomare, Dolfinarium, NIOZ en –verrassend – Greenpeace. En in het andere kamp zaten de activisten: Lenie 't Hart, Sea Shepherd en uiteindelijk ook de Partij voor de Dieren. In die hoek bevonden zich ook de dierenliefhebbers, veganisten en allerlei amateur-activisten. Zij roerden zich vooral op internet en verstuurden per persoon soms wel

enkele honderden tweets in een paar dagen. Daarbij varieerde de toon van boos en verdrietig tot activistisch en zelfs ronduit dreigend.

Ten slotte speelden de omstandigheden een rol. Het dier lag immers niet op het strand van Zandvoort of Scheveningen. De Razende Bol is moeilijk bereikbaar, zowel voor hulpdiensten als voor de media. Het relatieve gebrek aan feitelijke informatie en beeldmateriaal was een ware voedingsbodem voor geruchten, complottheorieën en verwarring tussen hulpverleners, activisten, media en publiek. Een stervende walvis is bovendien lastig uit zijn lijden te verlossen. Daardoor kon de socialemediasoap rondom bultrug Johannes dagenlang aanhouden.

Hoe ernstig is de situatie?

Ongeacht de reden waarom mensen klagen, is online kritiek er in alle soorten en maten. Meestal schatten we de ernst van de kritiek instinctief in. Vervolgens maken we een afweging op basis van gezond verstand. Hoe ernstig is deze kritiek? Is het verstandig om te reageren? Wat bereiken we daar naar verwachting mee? Wat zijn de risico's? En hoe kunnen we het best reageren?

De analyse van de kritiek en de uiteindelijke reactie zijn deels afhankelijk van onze kennis, onze ervaring en ons persoonlijke referentiekader. Daarom kan de uitkomst van persoon tot persoon verschillen. Dat is niet per se verkeerd, maar je hebt binnen een organisatie behoefte aan een consistente werkwijze die niet afhankelijk is van individuele medewerkers. Er is tot dusver echter geen logische maatstaf om de ernst en de verwachte consequenties van kritiek te kunnen inschatten – een soort schaal van Beaufort of van Richter voor klachten. Of zoiets als de enigszins morbide schaal die gekscherend door journalisten wordt gehanteerd om de nieuwswaarde van een buitenlandse ramp voor de Nederlandse tv-kijker en krantenlezer te bepalen: het aantal doden, gedeeld door het aantal kilometers dat het van ons verwijderd is, vermenigvuldigd met 100.

Daarom tref je in dit hoofdstuk een praktische schaal om de ernst van online kritiek te kunnen bepalen. Of liever gezegd: een escalatiethermometer die online feedback rangschikt in vijf negatieve en vijf positieve categorieën, van -5 tot + 5.

Een schaal 0 als een 'niets aan de hand'-stand waarbij mensen simpelweg tevreden zijn zonder dat ze zich via internet uiten, ontbreekt. Waarom zou je een tweet versturen of een update posten als je niet tevreden, maar ook niet ontevreden ben? En wat zou je dan überhaupt schrijven?

De online escalatiethermometer: de minnen

Gezien de invalshoek van dit boek zijn de vijf negatieve schalen het interessantst – vijf categorieën met kritiek, oplopend in ernst.

Min 1: vragen

Als organisatie kun je online vragen verwachten over een breed scala aan onderwerpen, over je producten, dienstverlening of standpunten, rechtstreek aan jou gericht of in het algemeen, aan de online community.

Strikt genomen is een vraag geen kritiek. Toch kan een vraag, hoe onschuldig ook, de opmaat zijn tot kritiek. Zo leidt een vraag die niet of te laat beantwoord wordt, steevast tot een teleurstelling of een klacht.

Vragen kunnen ook verkapte klachten zijn. Zo schreef een KLM-passagier op Facebook:

Hallo, ik wilde graag online inchecken voor mijn vlucht van morgenavond. Volgens de website kon dit om 14.45, maar er staat ook dat het niet beschikbaar is. Wordt dit nog gerepareerd?

Min 2: teleurstelling

De mildste vorm van online kritiek is als iemand zijn teleurstelling uitspreekt in je organisatie, producten, service of standpunten. Je voldoet niet aan de verwachtingen, wat deze ook mogen zijn en hoe ze ook tot stand zijn gekomen.

Heb weinig aan de reisplanner van @NS_Online Geeft aan rekening te houden met wijzigingen... Hoe weet ik dan hoe laat ik moet gaan? #fail

Teleurstelling mag niet worden onderschat. Loyaliteit van bijvoorbeeld klanten, leden, gebruikers en fans lijdt steevast onder een blijvende teleurstelling. Ga maar na, het voelde vroeger behoorlijk slecht als je ouders na een flink portie kattenkwaad zogenaamd niet boos waren, maar teleurgesteld. Waarom? Hun boosheid was misschien heftig, maar je wist dat het tijdelijk was. Even door de zure appel heen bijten. Als ze echter teleurgesteld waren, dan had dat iets definitiefs wat je stevig raakte. En dat wisten ze helaas.

Min 3: klachten

Met een concrete en actuele klacht krijg je stevige kritiek om de oren. Deze kritiek staat meestal open en bloot op internet en is met een druk op de knop te delen via een like, +1 of RT en wordt met de hashtag #fail op Twitter eenvoudig ontsloten voor een breder publiek.

Kan ik hier een klacht neer zetten over de benadering van jullie iets (nou ja, iets...) te opdringerige en brutale verkopers? Als ik zeg dat ik niet geïnteresseerd ben, dan ben ik dat ook niet. Deze meneer stond bijna bij me binnen. Alleen al om deze agressieve verkooppraktijken stap ik niet naar jullie over. Nee, ik betaal liever iets meer en blijf lekker bij NUON!!

Waarom is altijd alles op als ik bij #Vapiano #Rotterdam ga eten?? Slecht hoor heel #SLECHT #fail

Min 4: boosheid

Boosheid ontstaat bij een acute, grote klacht die tot grote problemen leidt: als iemand zich niet serieus voelt genomen, of als een klacht of probleem niet of zelfs bij herhaling niet wordt opgelost. Klanten komen met de rug tegen de muur te staan en halen uit als een kat in het nauw.

Frustrerend! HTC onder fabrieksgarantie gemaakt. Wat was er kapot? Geeft HTC geen openheid van zaken in. Opgelost? Nee hoor, problemen doen zich nog steeds voor. #fail #HTC... Word steeds kleinere fan van HTC!

Min 5: wraak

Als boosheid escaleert, kan er sprake zijn van 'dreiging met wraak' of daadwerkelijk 'wraak'. Denk nu niet direct aan brieven vol uitgeknipte letters, bommeldingen of poederbrieven. Online wraak uit zich bijvoorbeeld in het posten van dezelfde klacht op vele platforms of dreigen met klagen bij de Consumentenbond, TROS Radar, De Telegraaf en zelfs Youp van 't Hek.

U begrijpt dat ik, wanneer u niet met een bevredigende oplossing of voorstel komt, genoodzaakt ben de oplossing van dit geschil elders te vinden. Ik heb begrepen dat Dynafix al een flinke reputatie heeft opgebouwd bij het consumenten programma Radar, deze partij zal dan ook zeker geïnteresseerd zijn in mijn verhaal. Ik zal ze dan ook betrekken in deze communicatie. Ik hoop dat we tot een oplossing kunnen komen gezien het duidelijk zou moeten zijn dat het geensinds mijn intentie zou zijn geweest om een zogenaamd 'gerepareerd' toestel na drie dagen al weer beschadigd terug te sturen. Dat is ronduit belachelijk.

Ook kan iemand zeer zorgvuldig en slim georkestreerd een zogenaamde haatcampagne tegen jou of je bedrijf beginnen, inclusief haatsites, haatmails en voortdurende posts op jouw Facebook-fanpage. Of de wreker in kwestie sluit zich aan bij elke online discussie over jou en je bedrijf op nieuwssites, fora en blogs. Daar begint hij steevast zijn ervaringen te spuien en krijgt hij meestal bijval van vergelijkbare types.

Ten slotte kan iemand in gedrag of via mail of sociale media – meestal anoniem – bedreigingen uiten. Hoewel de daders hun bedreigingen gelukkig zelden ten uitvoer brengen ('blaffende honden bijten niet'), kan een bedreiging een grote impact op je hebben. Het COT, Instituut voor Veiligheids- en Crisismanagement deed in 2010 een studie voor de Nationale Coördinator Terrorismebestrijding. In deze studie naar bedreigingen van publieke personen onderscheiden de onderzoekers verschillende typen bedreigers, zoals de straattaaldreiger, de verwarde dreiger, de verward-gefrustreerde dreiger en de gefrustreerde dreiger. Hoewel de indeling anders doet vermoeden, is bij alle categorieën frustratie een belangrijk drijfveer voor het uiten van een bedreiging. Vrijwel nooit komt het daadwerkelijk tot het plannen van de uitvoering van het dreigement.

De online escalatiethermometer: de plussen

Naast vijf negatieve schalen kent de online escalatiebarometer aan de andere kant van het spectrum ook vijf positieve schalen in oplopende volgorde.

Plus 1: dankbaarheid

Op het eerste niveau voert beleefde dankbaarheid te boventoon. Iemand is blij door je geholpen te zijn en dankt je online voor datgene wat je hebt gedaan. Meestal gebeurt dat rechtstreeks, vrij kort en zakelijk. Vraag beantwoord. Probleem opgelost. Dankjewel. Niets meer, niets minder.

Na vorige week mijn klacht via FB kenbaar te maken over de fiets van mijn zoon, wil ik bij deze even een bedankje plaatsen dat het na enig telefoonverkeer toch prima is opgelost....! Nu nog een slagroom taart :-)

Plus 2: compliment

Een online compliment is min of meer de overtreffende trap van dankbaarheid en het tegenovergestelde van kritiek. Een compliment gaat over iets specifieks wat je hebt gedaan en wordt via sociale media meestal rechtstreeks aan je gegeven.

Webcare van @upc is ook perfect. Reageerde gelijk toen ik meldde dat alles zo traag was. Lag niet aan UPC en gelukkig is alles weer opgelost

Plus 3: enthousiasme

Als je al blij bent met een compliment, dan is online enthousiasme over jou, je producten of je dienstverlening helemaal een warm bad. Waar een compliment nog vrij specifiek is, gaat het bij deze schaal om een structurele houding. Dit zijn fans en dat laten ze zien in tweets, posts, updates, comments, et cetera.

Wat zijn de mannen van @halo_media uit Venlo toch creatief! Erg enthousiast over dit bedrijf!

Plus 4: aanbeveling

Deze schaal lijkt op de vorige, met dien verstande dat het enthousiasme resulteert in concrete aanbevelingen om zaken met je te doen. Iemand heeft dan zoveel vertrouwen in wat je biedt, dat hij het persoonlijke risico neemt je aan te bevelen aan followers, friends, connections, et cetera.

Ik heb echt hele goede ervaring met mijn bestelling gehad. Daarvoor geef ik Webprint de warme douche.

Plus 5: promotie

Aanbevelingen in de vorige schaal zijn meestal reactief. Een tweet, post, comment of update is echter regelrechte promotie als iemand je zo goed vindt dat hij uit zichzelf online reclame voor je maakt. Deze, meestal loyale ambassadeurs zijn het hoogste goed en je doet er goed aan hen te koesteren en te faciliteren om vooral door te gaan met promotie maken. Je organisatie zal er wel bij varen.

Ik kan Wijdeman van harte aanbevelen, zeker als je op zoek bent naar mooie comfortschoenen en keuze in breedte maten. Snelle levering, correcte afwikkeling bij retouren. Producten zijn goed te zien op de site en voldoende toelichting erbij.

Andere online problemen

Kritiek is er in vele soorten en maten, dat is wel duidelijk. Behalve kritiek in de gedaante van een van 'de vijf minnen' zijn er nog wat andere verschijningsvormen van online problemen. Die betreffen niet zozeer directe kritiek, maar kunnen wel degelijk voortkomen uit een akkefietje met rancuneuze klanten. Eén ding is zeker: als een van deze vormen van online ellende jouw organisatie treft, kan dat uiterst schadelijk zijn voor je reputatie en heb je een serieus probleem.

Onwaarheden en leugens

Als tweets, updates en posts van derden feitelijke onjuistheden bevatten, kun je daar als bedrijf of privépersoon flink last van hebben. Zo kunnen onjuistheden bijvoorbeeld verwachtingen bij klanten creëren of flinke afbreuk doen aan je zorgvuldig opgebouwde reputatie. Ronduit schadelijk wordt het als je via internet vals wordt beschuldigd van strafbare feiten.
Een Nederlandse vrouw maakte kennis met dit fenomeen toen haar ex-partner haar bij voortduring op Facebook, Hyves en Blogspot beschuldigde van prostitutie en sexueel misbruik van hun gezamenlijke kinderen. Uiteindelijk zou de rechter deze

stalker in januari 2013 een uniek en omstreden verbod van een jaar opleggen om sociale media te gebruiken.

Fake-account

Stel je voor dat een dubbelganger van je in het openbaar allerlei rare, beledigende, discriminerende en opruiende uitspraken doet. Wat zou dat betekenen voor je reputatie? Dat is precies het mogelijke effect van een 'fake-account' op Twitter, Facebook of enig ander sociaal netwerk. Een fake-account is een account dat eruitziet als jouw account, maar dat niet van jou is en niet door jou wordt beheerd. Anders gezegd: iemand doet zich voor als jou of jouw bedrijf en zet daarmee mensen in meerdere of mindere mate op het verkeerde been. Een goed, maar relatief onschuldig voorbeeld van een fake-account zijn de intelligente, maar weinig politiek-correcte tweets via @Koningin_NL (inmiddels meer dan 150.000 followers):

De Prins vindt een volk dat lauw bier drinkt en vis uit oude kranten eet, eigenlijk geen EU-lidmaatschap waardig #cameron

Van een geheel andere orde was het parodie-account @BPGlobalPR, dat volgens de bio in het leven is geroepen 'to get BP's message and mission statement out into the twitterverse!' gedurende de dramatische olieramp in de Golf van Mexico in 2010. In werkelijkheid waren de tweets van deze anonieme activist namens BP even sarcastisch als pijnlijk en de daaruit voortvloeiende reputatieschade noopte BP tot juridische stappen.

Safety is our primary concern. Well, profits, then safety. Oh, no-profits, image, then safety, but still- it's right up there. The bad news – we're being sued by the United States. The good news – they sue in dollars, not pounds.

Twitter negeerde de eis van BP om het account te verwijderen, maar stelde niettemin aanvullende eisen aan de vormgeving van het account: het moest redelijkerwijs duidelijk zijn dat het account een parodie was. Met op het hoogtepunt in 2010 zo'n 200.000 followers was @BPGlobalPR met recht een parodie met impact.

Hacken

Een fake-account is een vervelend ding, maar als je eigen socialemedia-account wordt gehackt, heb je een heel ander probleem. Dat overkwam Burger King medio februari 2013, toen plotsklaps het McDonald's-logo verscheen op het Twitter-account @BurgerKing. In een tweet werd tegelijkertijd de indruk gewekt dat Burger King was overgenomen door McDonald's. Al snel werd uit enkele obscene vervolgtweets duidelijk dat het een actie betrof van naar verluidt de hackersclub Anonymous. Hoewel de tweets snel opdroogden, verzocht Burger King Twitter het account even op slot te gooien. Toen duidelijk werd dat de hamburgerketen weer controle had over zijn Twitter-account, volgde een onderkoelde tweet: *'Interesting day here at Burger King, but we're back!'* De reputatieschade voor Burger King bleef in dit geval beperkt. Sterker, het aantal followers op Twitter groeide van 50.000 naar ruim 110.000 in enkele dagen tijd.

Hoaxes

Een *hoax* is een broodjeaapverhaal, een grap of een vals gerucht dat zich online verspreid en door mensen wordt gedeeld via sociale netwerken. Soms zijn hoaxes betrekkelijk ongevaarlijk, zoals de vele 'kettingbrief'-updates op Facebook, waarin je met een zielige of grappige foto of tekst wordt opgeroepen de update te delen. Deze worden soms wel miljoenen keren gedeeld en het ergste wat je kan overkomen, is dat je timeline zich vult met flauwekul. Andere hoaxes zijn minder onschuldig, zoals de zogenaamde *death hoaxes*. Daarin wordt de dood van een vip, BN'er of internationale celebrity bekendgemaakt via mistige entertainmentblogs en daaropvolgend viraal via sociale netwerken. De afgelopen jaren maakten bijvoorbeeld bekende Hollywood-acteurs als Morgan Freeman, Christian Slater, Jim Carrey, Sylvester Stallone en Mickey Rourke kennis met dit fenomeen.
Soms zijn hoaxes ronduit schadelijk of gevaarlijk, bijvoorbeeld als een bedrijf of een persoon bewust in een kwaad daglicht wordt gesteld. Dat overkwam meisjesidool Justin Bieber, toen er eind 2012 online een foto verscheen waarop hij ogenschijnlijk zat te blowen. Met tweets, fake-foto's en de Twitter-hashtag #cut4bieber werden zijn fans opgeroepen zichzelf met een mes te verminken om hem te smeken te stoppen met blowen. Het virale effect van sociale media deed de rest. Bieber maakte met een eigen tweet hoogstpersoonlijk een einde aan de hoax:

Don't cut you or harm yourself in any ways please! It's a hoax by 9gag. My legal team is on it right now. Stay strong! #beliebers #shamon9gag

Zo reageerde de SNS Bank ook toen in de zomer van 2009 het gerucht de ronde deed dat de bank, net als de DSB Bank, niet meer solvabel zou zijn. Een stevige tweet van de communicatieafdeling verwees naar de financiële cijfers van de bank en voorkwam een *bank run*:

Stop met hoax over SNS Bank; te gek voor woorden. SNS Bank gezond, check de cijfers.

Daartegenover reageerde Carglass ogenschijnlijk wat onderkoeld toen het autoglasschadebedrijf medio 2010 te maken kreeg met een opvallende, dubbele hoax. Nadat in korte tijd enkele tweets verschenen met de hashtag #carglasszuigt, reageerde het bedrijf daar ogenschijnlijk als volgt op via het Twitter-account @NL_Carglass:

Mensen die berichten posten met de hashtag #carglasszuigt ik wil jullie erop wijzen dat onze juristen zich beraden op stappen tegen jullie.

Twitteraars, socialemedia-experts, communicatieadviseurs en journalisten waren het erover eens: Carglass pakte dit wel heel erg klantonvriendelijk aan. Binnen enkele uren was #carglasszuigt wereldwijd trending topic op Twitter. Uiteindelijk bleken zowel de oorspronkelijke tweets als de reactie van Carglass nep.

Een van de meest ingenieuze hoaxes van de laatste jaren betrof Rayfish Footwear, waarbij de bedenkers gedurende twee jaar een compleet bedrijf uit de grond stampten, inclusief een huisstijl en een acteur als CEO en spreekbuis. Rayfish Footwear produceerde unieke handgemaakte schoenen van roggeleer. In plaats van het leer achteraf te kleuren werden de vissen zogenaamd genetisch gemodificeerd om de kleuren en patronen te produceren die meer dan 10.000 echte klanten (sic) bij hun bestelling hadden ontworpen. Natuurlijk kon een reactie van (nep)dieractivisten niet uitblijven, waarna het bedrijf eind 2012 zogenaamd roemloos ten onder ging. Alle publiciteit en online buzz bleek uiteindelijk bedoeld om aandacht te vragen voor de moeizame, dubbele relatie die mensen hebben met dieren. Enerzijds verklaren we knuffeldieren bijkans heilig, anderzijds hebben de meeste consumenten geen moeite met bijvoorbeeld plofkippen, kistkalveren en nertsenfokkerijen.

'Reaguursels'

De fel provocerende en sarcastische toon die GeenStijl sinds 2003 aanslaat, krijgt veel navolging op internet, te beginnen bij de vaste schare fans. Deze reaguurders geven ongezouten hun mening over zo'n beetje alle onderwerpen die op dit shock-log voorbij komen. De toon en aard van hun 'reaguursels' is direct, fel en ongenuanceerd. Beledigingen en politieke incorrectheid zijn schering en inslag. De relatieve anonimiteit voelt als een warm bad voor de actieve community. Redactie en reaguurders lijken zich betrekkelijk weinig aan te trekken van de privacy van regelmatig terugkerende 'leidende voorwerpen' als verdachten, daders, pedofielen, extremisten, tbs'ers, et cetera. Zo publiceerde de redactie in januari 2013 zonder enige twijfel de namen en foto's van de vermoedelijke daders van een ernstige mishandeling in Eindhoven. Dat kwam hen op veel kritiek te staan, waarbij werd gesproken van een heksenjacht. Bij een dergelijk 'publiek gerecht' komt het immers niet zo nauw en kan de woede van de horde zich door een simpele persoons- of naamsverwarring zomaar op een onschuldige richten. Dat bleek enkele weken eerder, nadat voorzitter Hans Spekman van de PvdA in het geweer was gekomen tegen anonieme online scheldkanonnades aan zijn adres, waarbij hij man en paard noemde: ene Gert Kruier was verantwoordelijk voor een belangrijk deel van de hatelijke berichten. Powned.nl verwarde vervolgens de betrekkelijk onvindbare Gert Kruier met de volstrekt onschuldige veehouder Gert Kruijer in Bellingwolde, die online vervolgens de volle laag kreeg. *NRC Handelsblad* schreef daarop een fors artikel over het fenomeen van online schelden, bedreigen en beledigen. Daarin vindt tv-journalist Peter R. de Vries dat de laagdrempeligheid van internet het probleem is: 'De laatste jaren kreeg ik halverwege de uitzending al mails van schuimbekkende kijkers.'

Samenvatting

Om straks in actie te kunnen komen en te reageren op kritiek met effectieve interventies is het belangrijk dat je precies weet waarom er wordt geklaagd en wat de aard van de klacht is.

Er zijn zo'n zeven verschillende redenen waarom mensen kritiek uiten op internet. Los van de geleverde kwaliteit en de, klaarblijkelijk, te hoge verwachtingen zijn andere belangrijke redenen bijvoorbeeld double-failureklachten, het zoeken van medestanders en onze verminderende tolerantie voor fouten.

Welbeschouwd kun je alle klachten onderbrengen in een van de vijf negatieve niveaus van de online escalatiethermometer. Met deze thermometer kun je de aard en omvang van de klacht eenvoudig inschatten. Natuurlijk zijn er ook mensen die zich online positief uitlaten over jou of je organisatie; daarom heeft de thermometer ook vijf positieve niveaus.

Ten slotte kwamen in dit hoofdstuk enkele speciale categorieën van – wat ik gemakshalve noem – online ellende aan de orde, zoals leugens, fake-accounts, hoaxes en reaguursels. Het gaat in deze gevallen vrijwel nooit om concrete kritiek, maar alle vormen zijn stuk voor stuk schadelijk voor je reputatie.

HOOFDSTUK 4 DE KLAAGMUREN VAN INTERNET

Een eerste blik op het persbericht van vrijdag 8 maart 2013 geeft geen goed beeld van de explosieve inhoud. Onder de kop 'Nederland voor het eerst een website over de tabakslobby' wordt kort voor het weekend vrij bescheiden de lancering van Tabaknee.nl aangekondigd. De website, 'over de tabaksindustrie en haar kompanen', is een initiatief van Wanda de Kanter en Pauline Dekker, twee longartsen die duidelijk willen maken welke krachten er achter de machtige tabakslobby in Nederland zitten. De artsen zijn beiden werkzaam bij het Rode Kruis Ziekenhuis in Beverwijk en richtten in 2009 de Stichting Rookpreventie Jeugd op. Nu blijkt het tijd voor een meer activistische benadering.

Wanda de Kanter en Pauline Dekker zijn al jarenlang pleitbezorgers van minder roken. Met de Stichting Rookpreventie Jeugd willen ze voorkomen dat jongeren gaan roken door hen bewust te maken van de gevaren, de toegankelijkheid van tabak te beperken en opvoeders te leren hoe ze kunnen bijdragen aan preventie. Begin dit jaar boden de artsen minister Edith Schippers van Volksgezondheid een manifest aan met een voorstel voor verdergaande maatregelen om jongeren te beschermen tegen tabaksverslaving. Samen schreven zij de boeken *Nederland Stopt! Met roken* en *Motiveren kun je leren, gidsen naar gezond gedrag*. De Kanter en Dekker worden geroemd om hun gedrevenheid en originaliteit, waarbij ze regelmatig de onzichtbare tactieken van de tabaksindustrie en de minder zichtbare gevolgen van roken blootleggen. Voor al hun activiteiten ontvingen de longartsen in 2010 de Europese Smoke Free Award en in 2012 de Prof. Dr. P. Muntendamprijs van KWF Kankerbestrijding. Beiden zijn dan ook veelgevraagde opinieleiders op het gebied van tabaksontmoediging en treden geregeld op in de media. De vierenvijftigjarige De Kanter kent bovendien de klappen van internet en sociale media. Ze geeft niet alleen haar veelal stevige mening op haar blog op Artsennet.nl, maar is bovendien zeer actief op Twitter (@Wdekanter).

Als de website zaterdag 9 maart live gaat, wordt duidelijk dat de longartsen er een flinke schep bovenop doen. De Kanter en Dekker richten hun giftige pijlen niet alleen op de lobbytactieken van de tabaksindustrie, maar ook op de steunpilaren van de tabaksindustrie. Genadeloos worden bekende politici als CDA'er Hans Hillen, VVD-Kamerlid Arno Rutte en CDA'er Eelco Brinkman gegrild als belangenbehartigers van de tabaksindustrie. Minister Edith Schippers krijgt de weinig flatteuze titel 'Minister van Tabak' toegekend. Bovendien blijkt hoogleraar Irene Asscher (saillant, want moeder van vicepremier Lodewijk Asscher) geen morele moeite te hebben met haar commissariaat bij Philip Morris. Overwegend discreet opererende lobbyisten voor de tabaksindustrie als Willem Jan Roelofs (Stichting Sigarettenindustrie) en Michiel Krijvenaar (Philip Morris) worden met naam en foto uit de anonimiteit gerukt. Woordvoerder Ton Wurtz van de Stichting Rokersbelangen wordt neergezet als een 'scharrelaar in tabak' en ronduit beticht van *lip service* voor de tabaksindustrie.

Nadat het in het weekend oorverdovend stil was gebleven, duiken maandag 11 maart de media vol op het nieuws. Niet alleen de dagbladen, maar ook *Nieuwsuur*, *De Wereld Draait Door*, *Met het Oog op Morgen*, *RTL Nieuws*, *NOS Journaal*, BNR, 3FM, Q-Music en *Standpunt.nl*; allemaal berichten ze over de nieuwe hate site. De kruistocht van De Kanter en Dekker slaat aan, waarbij met name de schandpaalmethode opvalt en wenkbrauwen doet fronsen. Verschillende met naam genoemde belangenbehartigers van de tabaksindustrie laken de grove inbreuk op hun privacy. Minister Schippers noemt de beschuldigingen aan haar adres kwalijke insinuaties gebaseerd op drijfzand. Het expertisecentrum voor tabaksontmoedigingsbeleid STIVORO schiet uiterst behoedzaam te hulp en verklaart: 'Voor zover wij hebben kunnen verifiëren en onze kennis over tabaksontmoedigingsbeleid reikt, hebben we geen onjuistheden kunnen ontdekken in de informatie op de website.' Philip Morris weet het even niet en wil de website aanpakken omdat Tabaknee.nl portretfoto's van betrokkenen heeft gebruikt zonder toestemming. In een interview met Matthijs van Nieuwkerk in *De Wereld Draait Door* pareert Pauline Dekker 's avonds alle kritiek: 'Lobbyisten voor de tabaksindustrie hebben bloed aan hun handen.'

Zij moeten volgens de arts van goeden huize komen om uit te kunnen leggen waarom ze actief zijn voor de tabaksindustrie. 'We hebben het hier echt over death by design,' aldus longarts Dekker.

De hele maandag is de website Tabaknee.nl lastig bereikbaar vanwege de grote toeloop. Op Twitter, Facebook en nieuwssites wordt veelvuldig over het initiatief bericht. De reacties zijn doorgaans positief. Ook het 'naming and shaming' als methode leidt niet tot grote verontwaardiging in de meer dan drieduizend berichten binnen 24 uur. De autoriteit van beide longartsen worden geroemd. Pas als Peter R. de Vries zich een dag later achter de actie schaart, stuit hij wel op weerstand:

#Tabaknee.nl is een prima initiatief! Roken is dodelijk. Roken is goor. Roken is zelfvernietiging. Roken is vaak asociaal.

@PeterRdeV ik begrijp dat je tegen roken bent maar hou het lekker bij je of reageer wat milder. Sorry dat ik zo reageer.

Ondertussen belooft Tabaknee.nl in de loop van dit jaar het netwerk van de tabaksindustrie stukje bij beetje te onthullen. Met onderzoekjournalist Stella Braam als belangrijkste webredacteur lijkt dat geen loze kreet. Na deze publicitaire kickstart zou de haatsite tegen de tabaksindustrie wel eens snel kunnen uitgroeien tot een plek waar klokkenluiders bedrijfsgeheimen en andere vertrouwelijke informatie over de tabaksindustrie kwijt willen. Wordt vast vervolgd.

Waar kun je klachten vinden?

In de voorgaande hoofdstukken heb je kunnen lezen welke categorieën klagers er zijn en waarom ze precies klagen. Ook weet je inmiddels meer over de aard van de klachten. Met de online escalatiethermometer uit hoofdstuk 3 heb je zelfs een middel in handen om klachten op uniforme wijze in te delen en prioriteiten te stellen. De logische volgende vraag is op welke plaatsen we relevante klachten kunnen vinden.

Het antwoord op deze vraag is simpel: overal op internet kunnen mensen hun klachten, vragen en opmerkingen kwijt over jou, je organisatie en je dienstverlening. In de meeste gevallen is dat volstrekt gratis en kost dat een minimum aan inspanning.

Tot zo'n tien jaar geleden was het voor organisaties volledig duidelijk via welke twee vaste routes ze klachten konden verwachten. Het overgrote deel van de klachten bestond uit telefoontjes, brieven en soms ook faxen, hoewel de 'faxmachine' vooral zakelijk werd gebruikt en nooit echt is doorgebroken in het thuiskantoor. De route naar consumentenrubrieken op radio en televisie laat ik verder buiten beschouwing; deze zijn in hoofdstuk 1 uitgebreid aan de orde geweest.

Met de groei van het internetgebruik in Nederland werden e-mail en webformulieren als contactmogelijkheden steeds populairder. Tegelijkertijd ontstonden voorzichtig andere online kanalen voor customer service. Denk bijvoorbeeld aan chatbox, live chat en selfservice. Vanaf ongeveer 2004 zagen we de opkomst van corporate blogs en eigen servicecommunity's en vanaf eind 2007 de toenemende populariteit van Facebookfanpages. Zo ontstond de mogelijkheid voor mensen om hun vragen en klachten kwijt te kunnen op zogenaamde 'owned media', namelijk de online platforms van organisaties zelf. Het gevolg van deze ontwikkeling was dat organisaties zich snel moesten heroriënteren op de optimale samenstelling van hun servicekanalen. Zo werd KLM in april 2010 geconfronteerd met een onverwachte hausse aan supportvragen van gestrande klanten op de eigen fanpage nadat er een vulkaan onder de IJslandse gletsjer Eyjafjallajökull was uitgebarsten. Noodgedwongen moest de luchtvaartmaatschappij improviseren en het bestaande webcareteam vliegensvlug uitbreiden.

Naarmate er meer via sociale media werd geklaagd, stonden organisaties voor een nieuwe uitdaging, want waar vond al dat gemopper in hemelsnaam plaats? In dit hoofdstuk inventariseer ik daarom de meest voorkomende online 'klaagmuren'. Achtereenvolgens ga ik in op sociale netwerken, blogs, fora, nieuws-, beoordelings-, klachten- en haatsites.

Sociale netwerken

De grootste sociale netwerken in Nederland, gemeten naar het aantal unieke bezoekers per maand, zijn volgens een overzicht van *Marketingfacts.nl* begin 2013 achtereenvolgens Facebook (8,9 miljoen), Linkedin (4,3 miljoen), Twitter (3,7 miljoen) en Hyves (2,8 miljoen). Google+, dat in 2011 werd gelanceerd, telt tot dusver circa 800.000 bezoekers per maand. Met dergelijke aantallen is het niet verwonderlijk dat mensen ook op deze platforms klagen.

Met name microblog Twitter is een medium waarop mensen snel en eenvoudig in maximaal 140 tekens hun klacht, vraag of frustratie kwijt kunnen. Met een hashtag als #fail of #sucks geven ze extra lading aan hun probleem; met #dtv ('durf te vragen', RvdA) vragen ze om antwoord, hulp of advies. Met hashtags als #020, #010 of #035 maken ze, indien relevant, duidelijk in welke stad hun ervaringen zich afspelen.

Verder wordt er ook op Facebook veel geklaagd. Dat kan met een nieuwe statusupdate op de eigen tijdlijn van de klager, waar al zijn berichten in omgekeerd chronologische volgorde staan, of nog beter: op de fanpage van de organisatie in kwestie en voor alle bezoekers duidelijk zichtbaar.

Dat Twitter en Facebook populair zijn om klachten te posten, is niet verwonderlijk. Los van de omvang van beide sociale netwerken speelt het karakter van het medium een belangrijke rol: met een tweet of update via je smartphone bereik je in een 'connected world' overal en altijd snel je followers of vrienden. Zij kunnen op hun beurt direct reageren met een reply of comment. Nu veel organisaties actief zijn in beide sociale netwerken, is het bovendien in de meeste gevallen mogelijk de organisatie waartegen je ageert rechtstreeks en publiekelijk aan te spreken.

Contentplatforms

Waar het bij sociale netwerken primair gaat om contact, gaat het bij contentplatforms als YouTube, Flickr, Slideshare en

Scribd vooral om het distribueren en delen van meer of minder interessante content als video, foto's, presentaties en pdf-documenten. Bezoekers kunnen interessante content vervolgens opnemen (embedden) op hun eigen blog of website of met een druk op een knop delen (social sharing) via een tweet of een like. Met de juiste sleutelwoorden en tags is alle content bovendien eenvoudig door Google te vinden en te rangschikken.

Aangezien beelden veelal voor zich spreken en het met een smartphone eenvoudig is om overal en op elk moment video's te maken en te distribueren via sociale media, zijn videoplatforms als YouTube (volgens een onderzoek van de zomer van 2012 heeft YouTube 8,6 miljoen unieke bezoekers per maand), Dumpert.nl (1,4 miljoen bezoekers) en, in mindere mate, Zie.nl en Vimeo.nl uitgegroeid tot plaatsen waar veel kritische video's te vinden zijn.

Blogs

Weblogs of blogs hebben zich sinds eind jaren negentig ontwikkeld van persoonlijke online dagboeken tot soms zeer gerenommeerde nieuws- en opiniesites van gerespecteerde opinieleiders. Sommige persoonlijke blogs tellen slechts enkele bezoekers per dag, terwijl grote internationale nieuwsblogs zoals *The Huffington Post* bijna veertig miljoen unieke bezoekers per maand weten te trekken. Veel blogs hebben een eigen thema en trekken een specifiek segment bezoekers. Daarmee zijn ze een factor van belang geworden voor organisaties in elk segment van de maatschappij. Zo kennen we in Nederland onder andere belangrijke en inmiddels professionele blogs in branches als marketing (Marketingfacts, Molblog), automotive (Autoblog.nl), mode (Ilovefashionnews.nl), cosmetica (Beautygloss.nl, Beautylab.nl), food (Eetsnob.nl, Culinette.nl) en travel (TravelNext.nl).

Technorati.com, de bekende zoekmachine voor blogs, indexeert wereldwijd meer dan een miljoen blogs en maakte na onderzoek in 2011 onderscheid naar vijf verschillende typen bloggers: de hobbyisten (60 procent), de parttime en fulltime professionals (18 procent), de corporate bloggers (8 procent) en de entrepreneurs (13 procent). Uit hetzelfde onderzoek bleek dat 38 procent van alle respondenten blogt over merken waar ze van houden of die ze haten. Ze posten productbeoordelingen en delen hun ervaringen met het merk, de producten of de dienstverlening. Ook schrijven ze over bedrijfsinformatie of roddels. 65 procent van alle respondenten geeft aan de ontwikkelingen rondom merken primair via sociale media te volgen. Daarmee is het virale effect en dus de impact van kritiek via blogs evident. Deze impact wordt versterkt door de mogelijkheid van bezoekers om commentaar achter te laten op elk individueel bericht (blogpost) en het bericht via eigen socialemedia-accounts te delen.

Het is belangrijk om 'blogger relations' een plek te geven in je communicatiestrategie. Verwar blogs echter niet met reguliere nieuwsmedia. De meeste bloggers hebben geen journalistieke opleiding en achtergrond. Ook is er lang niet altijd sprake van onafhankelijke berichtgeving. De blogger heeft vooral een eigen belang: hij profileert zichzelf of zijn organisatie via de blog. Of hij heeft inmiddels een vaste schare lezers en een stevig advertentiemodel. In sommige branches ontvangen bloggers een voortdurende stroom aan uitnodigingen voor evenementen en producten om te reviewen. Bij al te kritische reviews staat er dan veel op het spel.

Fora

Een discussieforum bestaat meestal uit betrekkelijk eenvoudig vormgegeven discussiepagina's over een bepaald thema op internet. Binnen het thema heeft elk specifiek onderwerp (elke *thread*) een eigen pagina waarop bezoekers hun bijdrage kunnen achterlaten. Iedere bezoeker kan een thread starten, in tegenstelling tot een blog, waar alleen bloggers kunnen publiceren en bezoekers reageren.

Forumbezoekers moeten zich soms vooraf registreren om deel te kunnen nemen aan een discussie, maar dat is lang niet altijd noodzakelijk. Daarbij wordt veelvuldig gebruikgemaakt van bijnamen (*nicknames*). Deze zekere anonimiteit heeft in mindere of meerdere mate invloed op de soms heftige discussies of zelfs ordinaire scheldpartijen (*flames*) tegen personen, organisaties, merken of standpunten.

In Nederland zijn er honderden, zo niet duizenden verschillende fora over zo'n beetje elk denkbaar thema (bijvoorbeeld sterrenkunde, elektrische fietsen, psychosynthese) en voor elke denkbare doelgroep (bijvoorbeeld studerende moeders, Koerdische academici, mensen met constitutioneel eczeem). Het aantal geregistreerde en actieve gebruikers kan per forum sterk verschillen.

Als het gaat om kritiek, klachten, vragen en elkaar helpen, dan springen er enkele grote fora uit. Zo scoren de fora van Zwangerschapspagina.nl, Viva.nl en Maroc.nl bij veel organisaties hoog als bron van klachten. Op de fora van Scholieren.com, Partyflock.nl en Foknieuws.nl vind je klachten van jongeren en jongvolwassenen.

De fora van TROS *Radar* en VARA's *Kassa* zijn, inherent aan de aard van de tv-programma's, berucht om de waterval aan klachten en daarmee een rijke bron van onderwerpen voor de beide redacties.

Op zijn beurt is Tweakers.net met meer dan 3,5 miljoen unieke bezoekers en 90 miljoen pageviews per maand volgens eigen zeggen de grootste elektronica- en technologiewebsite van Nederland en België. Sommige thema's en threads van het forum tellen meer dan zeventigduizend topics met alles bij elkaar een miljoen reacties.

Ten slotte zie je in bepaalde branches een meer dan gemiddelde hoeveelheid discussiefora ontstaan. Zo is de telecombranche goed vertegenwoordigd met actieve fora rondom zo'n beetje alle providers. Opvallend zijn de fora voor specifieke technologieën als glasvezel en digitale televisie. In een heel andere sector, namelijk de gezondheidszorg, zie je een besloten discussieforum bij vrijwel elke patiëntenvereniging.

Nieuwssites

Landelijke en regionale dagbladen en omroepen hebben zonder uitzondering een website waarop zij een selectie van het nieuws publiceren, meestal door een eigen internetredactie. Sommige websites, zoals AD.nl, Volkskrant.nl, NRC.nl, AT5.nl en Noordhollandsdagblad.nl, bieden hun bezoekers de mogelijkheid om op het nieuws te reageren. Daarbij gelden steevast enkele regels om schelden, beledigen, discriminatie en bedreigen te voorkomen. Ook moeten bezoekers meestal hun naam of e-mailadres opgeven. Deze 'drempel' kunnen mensen echter omzeilen door valse gegevens op te geven; in vrijwel alle gevallen ontbreekt een registratie.

Daardoor fulmineert ene 'Horinees' op 1 februari 2013 op de website van het *Noordhollands Dagblad* tegen de curatoren van de DSB Groep in reactie op een artikel over de afwikkeling van het faillissement:

Sedert het uitgesproken faillissement vullen achterbakse 'roomser dan de paus' gluiperds op een stuitende schaamteloze wijze hun zakken op het voormalige DSB Hoofdkantoor. Deze 'nette mensen', die zich boven 'God, gebod en wet' verheven voelen, doen hetzelfde waar vele, vele betweterige, drammerige, landgenoten destijds bij Scheringa zo'n grote mond over hadden.

De nieuwssite Nu.nl trekt volgens een meting van STIR in december 2012 maandelijks circa honderd miljoen views en bereikt bijna 40 procent van de Nederlandse bevolking. Daarmee laat Nu.nl de website van *De Telegraaf* ver achter zich en is het de best bezochte nieuwssite van Nederland. Via Nujij.nl kan iedereen over alle berichten discussiëren, hoewel deelnemers zich ook hier moeten registreren en er nadrukkelijk huisregels gelden. Niettemin stromen op 1 februari 2013 binnen enkele uren ruim 1200 reacties binnen op het bericht 'SNS Reaal in staatshanden'. Dat deze niet allemaal van even hoogstaand niveau zijn, wordt verzucht in reactie 1003:

zucht nog steeds waardeloze discussie na 1000 posts

Beoordelingssites

Wellicht een van de oudste en bekendste beoordelingssites is Iens.nl, waarop gasten sinds 1998 Nederlandse restaurants kunnen beoordelen met een zelfgeschreven recensie of door het invullen van een proefformulier. Wil je uit eten, dan kun je daar vooraf checken hoe een restaurant is beoordeeld en of je er wilt reserveren. Recensies op Iens.nl moeten relevant, betrouwbaar, zinvol, inhoudelijk en waardevol zijn voor andere bezoekers. Uitgangspunt is dat ze een representatief beeld schetsen van wat een klant mag verwachten.

Een vergelijkbare *reviewsite* van restaurants, winkels, cafes en lokale dienstverleners is het Amerikaanse Yelp, dat sinds eind 2010 ook in Nederland actief is. Yelp hanteert een 5 sterrenratingsysteem. Inmiddels is in onderzoeken van de universiteiten van Harvard en Berkeley in respectievelijk 2011 en 2012 aangetoond dat een extra ster op Yelp leidt tot een significante omzetstijging. Tegelijk ligt Yelp in de Verenigde Staten regelmatig onder vuur omdat het filtersysteem onevenredig veel positieve beoordelingen zou blokkeren omdat ze worden aangezien voor gemanipuleerde beoordelingen. Een geavanceerd algoritme beoordeelt de betrouwbaarheid van review en gast, maar zal nooit honderd procent waterdicht zijn, zo geeft Yelp toe. Groepen gedupeerde ondernemers beschuldigen Yelp ondertussen van afpersing: als zij niet zouden adverteren op Yelp, worden positieve reviews niet weergegeven. Daarvan is tot dusver nog niets gebleken. Niettemin gaan in Amerika steeds meer stemmen op om een onafhankelijk onderzoek te laten uitvoeren naar de handel en wandel van de reviewsite.

Intussen schieten de vergelijkings- en beoordelingssites uit de grond, ook in Nederland. Binnen de reisbranche zijn Zoover.nl en het internationale Tripadvisor.nl en Booking.com veel bezocht.
Voor duidelijkheid over de beste en goedkoopste verzekeringen, bankproducten, hypotheekadviseurs en aanbieders in de gezondheidszorg surf je naar Independer.nl. De prijsvergelijker werkt ook als tussenpersoon en krijgt voor elke overstap een vergoeding van de nieuwe verzekeraar.
Voor een prijsvergelijking van alle mogelijke telefonieabonnementen kunnen consumenten terecht op Bellen.com, een van de vele vergelijkingssites van ondernemer Ben Woldring. Via de website kom je rechtstreeks bij de provider van je keuze uit en Bellen.com ontvangt hiervoor eveneens een vergoeding.
Kieskeurig.nl wil betrouwbare informatie bieden over producten en winkels en is sinds de start in 1999 uitgegroeid tot de grootste onafhankelijke vergelijkingssite van Nederland. Op de website kun je terecht voor vergelijkingen en reviews van onder

andere consumentenelektronica, huishoudelijke apparatuur, vervoer, mode en beautyproducten.

Patiënten reviewen hun arts op Zorgkaart.nl van patiëntenkoepel NPCF. En zelfs hoerenlopers kunnen hun grieven (en warme aanbevelingen) achterlaten op Hookers.nl.

In het najaar van 2012 gingen ten slotte twee nieuwe, opmerkelijke Nederlandse reviewsites de lucht in, gelanceerd vanuit eigen gelederen. Zo startte de website Bouwprestaties.nl, waarop particulieren publiekelijk kunnen afrekenen met aannemers die prutswerk leveren. De website is opgezet in samenwerking met verschillende brancheorganisaties. Iets vergelijkbaars zien we op Funda.nl, het grootste online platform voor onroerend goed in Nederland en met makelaarsorganisatie NVM als grootste aandeelhouder. Daar kunnen klanten sinds eind 2012 hun makelaar beoordelen na aan- of verkoop van hun huis.

Klachtensites

Inspelend op de mondige online consument hebben sites als Klacht.nl (sinds 2008 en eerst bekend als QQLQ.nl), de Klachtenbond.nl (sinds 2007, daarvoor Boycot.nu) en Preferenso.nl (sinds 2012) een positie verworven door op te treden als tussenpersoon of bemiddelaar tussen klagende klanten en bedrijven. Daarbij hanteren de websites 'naming & shaming' als belangrijk drukmiddel om bedrijven te bewegen deel aan het platform te nemen en daadwerkelijk klachten op te lossen. Bedrijven die dit plichtsgetrouw doen, worden opgehemeld, bijvoorbeeld in ranglijsten als de Klacht.nl Awards. Bedrijven die echter niet

meewerken aan deze praktijken, worden aan een online schandpaal genageld, zoals de zwarte lijst van Klachtenbond.nl.
Bij een aantal klachtensites is sprake van een commercieel model. Zo kun je als bedrijf met een betaald abonnement van circa 250 euro per maand publicatie op Klacht.nl voorkomen door een nieuwe klacht binnen twee dagen op te lossen. Preferenso.nl maakt onderscheid naar bedrijfsomvang. Zo kunnen grote corporate sponsors voor een kleine tweeduizend euro per jaar het platform zelfs gebruiken om bedrijfsnieuws en banners te publiceren. Ook kunnen (positieve) beoordelingen van klanten automatisch op de website van het bedrijf worden doorgeplaatst en belooft de website tien offerteaanvragen per maand. Daarentegen draaien bij Klachtenbond.nl consumenten voor de rekening op: als klager betaal je een klein bedrag per ingediende klacht, notoire klagers kunnen zelfs lid worden en onbeperkt klagen.
Bemiddeling via Klachtenkompas.nl, sinds medio 2012 de klachtensite van de Consumentenbond, is echter gratis voor leden én niet-leden van de bond. Ook bedrijven kunnen zonder kosten deelnemen. Volgens eigen zeggen is de website niet bedoeld voor scheldkanonnades, maar voor serieuze klachten. Bedrijven kunnen hoog eindigen in publieke lijstjes zoals 'Meest opgelost', 'Minst opgelost', 'Meest bekeken' en 'Laatst gemeld'.
Klachtensites zijn niet geheel onomstreden. Zo kan het zijn dat consumenten verwachten dat elke klacht onder druk snel wordt opgelost. Feit is echter dat slechts een beperkt aantal bedrijven deelneemt en dan nog lang niet aan alle klachtensites. Daardoor bestaat het gevaar dat klachtensites uiteindelijk

vooral 'inzamelpunten' worden van negatief sentiment, vergelijkbaar met het forum van TROS Radar. Vanuit het perspectief van een bedrijf is actieve deelname aan een of meerdere klachtensites wellicht ook niet wenselijk, laat staan betaalde deelname via een abonnement of als sponsor. Betalen aan een klachtensite voor het mogen oplossen van naar verwachting reeds bekende klachten van eigen klanten voelt op zijn zachtst gezegd tegenstrijdig. Belangrijker is wellicht dat er een apart klachtenafhandelingsproces zou moeten worden opgezet, los van alle bestaande eigen kanalen. Sommige bedrijven volstaan dan ook met klanten op een klachtensite gratis verwijzen naar hun eigen website, online forum of community, om hen daar binnen bestaande werkafspraken van dienst te kunnen zijn.

Haatsites

Haatsites mogen ten slotte niet ontbreken in het overzicht van online plaatsen waar mensen klagen. Met de opkomst van sociale media lijkt deze vorm van protesteren echter niet meer zo populair. Niet verwonderlijk, want als je overal je boosheid en frustratie over een organisatie, merk, product, dienst of persoon kunt uiten, waarom zou je nog de moeite doen om hiervoor een hele eigen website of blog te ontwikkelen? Dan moet je wel erg wraaklustig zijn.
Veel Nederlandse websites van weleer, zoals Nuonsucks.com en Essentiskut.nl, zijn inmiddels uit de lucht en de laatste bijdrage aan troublesathome.nl dateert uit 2006. Niettemin geven internationale haatsites een aardig beeld. Zo verzamelt de weblog

Ihateryanair.org vooral negatieve verhalen over 'the worlds most hated airline' uit boosheid over de vele toeslagen die je als reiziger op de uitgeklede ticketprijs moet betalen. De website Paypalsucks.com komt in het geweer tegen het 'evil empire' van betaalnetwerk PayPal en veilingwebsite eBay en roept consumenten op de handen ineen te slaan om de waarheid over beide bedrijven aan het licht te brengen. Opvallend is Cocacola.sucks.nl. Deze domeinnaam leidt regelrecht naar de website Pepsicola.com. Onduidelijk is of dit een streek van de concurrentie is of een actie van een boze Coca-Coladrinker. Dat niets of niemand gespaard wordt, maakt ten slotte yelp-sucks.com duidelijk, een website waar 'echte bedrijven echte problemen kunnen ventileren over de praktijken van Yelp'. Tja, zelfs beoordelingssites gaan langs de meetlat van transparantie en betrouwbaarheid.

Samenvatting

Voor de komst van internet en sociale media werden klachten helemaal niet of vooral rechtstreeks geuit: persoonlijk of via telefoon, brief of e-mail. Om de afhandeling van klachten vooral efficiënt te laten verlopen werden later *virtual assistents* en allerlei vormen van online selfservice ingezet.

Tegenwoordig kunnen organisaties overal op internet onder vuur komen te liggen. Mensen klagen steeds meer op de plek die hún het best uitkomt. Dat kan zijn op een eigen website van het bedrijf of een Facebook-fanpage, maar net zo makkelijk klaagt men op allerlei andere sociale netwerken, in blogs en op fora. Veel branches zoals de reiswereld, horeca en telecom kennen specifieke beoordelings- en vergelijkingssites. Daar laten mensen niet alleen hun complimenten, maar vooral hun klachten achter. Een speciale categorie vormen de verschillende specifieke klachtensites waarmee organisaties via 'naming & shaming' onder druk worden gezet om problemen op te lossen. Of dat verstandig is, is echter maar de vraag. Haatsites zijn daarentegen op hun retour, maar waren tot enkele jaren geleden het ultieme pressiemiddel van klagers.

HOOFDSTUK 5 ONLINE REPUTATIEMANAGEMENT

Steakhouse Piet de Leeuw in de Noorderstraat is een van de eerste eetcafés in Amsterdam en heeft nog altijd de karaktertrekken van een bruine kroeg. 'Sinds 1949 geen steak veranderd,' zegt de kleinzoon van de oude Piet en huidige eigenaar Loek van Thiel, die de kroeg inmiddels zo'n tien jaar runt. Maar Van Thiel roept wel vaker wat, zo bleek medio februari 2013, nadat *Het Parool* een aantal specialisten had losgelaten op de wijd en zijd geroemde biefstukken van Piet de Leeuw. De krant had namelijk vraagtekens bij de herkomst van het vlees.

Toen vanaf januari steeds meer berichten opdoken over paardenvlees dat bewust verkeerd gelabeld was en als rundvlees werd verkocht, voerde *Het Parool* onder andere DNA-tests uit op de biefstukken van Piet de Leeuw. Hieruit bleek onomstotelijk dat het geen rund- maar paardenvlees betrof. Op 14 februari publiceerde de krant een artikel op de voorpagina waaruit lezers maar één conclusie konden trekken: Piet de Leeuw belazert zijn onwetende klanten. De krant meent de beweegredenen van de 'biefstukkenkoning' te weten: paardenhaas kost bij inkoop tussen een derde en de helft minder dan ossenhaas. Tel uit de winst van eigenaar Loek van Thiel.

Van Thiel deed in datzelfde artikel of zijn neus bloedde. 'We kopen Zuid-Amerikaans rundvlees in, ik weet niet anders dan dat het rund is. We hebben een naam en reputatie hoog te houden. Wellicht is er bij een levering een stuk paard doorheen geglipt, of is er iets misgegaan bij de leverancier,' tekent verslaggever Hiske Versprille uit zijn mond op. Vleesleverancier Fontijn Vlees is *not amused* en maakt duidelijk dat het volstrekt onmogelijk is dat Van Thiel niet wist dat het om paard ging: 'We leveren gewoon waar de klant om vraagt, en Piet de Leeuw koopt paardenhaas uit Argentinië. Het staat in onze administratie en op de pakbonnen.' En als vileine uitsmijter: 'Er staat nota bene een plaatje van een paard op elke verpakking.'

Als *Het Parool* het artikel aan het begin van de middag online plaatst, kunnen reacties niet uitblijven. Het verhaal wordt snel overgenomen door allerlei online media. Via vooral Twitter en Facebook rolt het verhaal verder. Ook Powned en GeenStijl plaatsen het verhaal op internet. De reaguurders komen snel tot de kern.

Omdat paardenvlees 30-50% goedkoper is dan rundvlees, zou die steakgriller zijn prijzen omlaag moeten doen, maar dat doet ie niet.

Dat de nietsvermoedende klant besodemieterd wordt bij Piet de Leeuw, blijkt volgens de online community uit zijn menukaart. Het woord 'runderbiefstuk' word niet genoemd, net zomin als runderhaas. Hij hanteert het woord 'biefstuk', maar spreekt wel over 'varkenshaas' en 'kalfslever'.

Die avond verwerft Piet de Leeuw landelijke naamsbekendheid als nieuws- en praatprogramma's de onthulling van *Het Parool* op televisie melden. De volgende ochtend staat het nieuws ook in de landelijke dagbladen, waarna Loek van Thiel een draai van 180 graden maakt. In *Het Parool* geeft hij nu toe: het steakhouse verkoopt al 63 jaar paardenbiefstuk. Opa Piet was oorspronkelijk namelijk paardenslager. Het paardenvlees is als het ware een familietraditie, aldus Van Thiel. Hoewel het steakhouse in een heuse persverklaring laat weten nooit gedaan te hebben alsof het ander vlees betrof dan paardenvlees, weet *Het Parool* beter. Het personeel heeft zelfs een contractuele geheimhoudingsplicht en mocht niets zeggen over de herkomst van het vlees. In de krant zegt Van Thiel zelf dat niemand hem ooit heeft gevraagd naar het soort vlees.

De online discussie houdt een paar dagen aan. De kritiek via vooral Twitter, Facebook en als comments onder nieuwsberichten gaat niet zozeer over de kwaliteit van het paardenvlees. Mensen lijken het er namelijk wel over eens dat het vlees lekker is. Ook is er geen sprake van een probleem met voedselveiligheid. De online discussie spitst zich vooral toe op het bedrog. Heeft Piet de Leeuw paard verkocht als rund? Knollen voor citroenen?

Piet de Leeuw gaat voor de Pinokkio trofee.

Het gezeur is, dat je zoals bij Steakhouse Piet de Leeuw denkt te betalen voor een dure biefstuk van de Haas, terwijl je een biefstuk van een oud manege paard krijgt!

Hoewel hij door zijn onhandige mediaoptreden min of meer toegeeft de indruk van rundvlees bewust niet weg te nemen, lijkt er voor Van Thiel juridisch geen vuiltje aan de lucht: er heeft geen ossenhaas op de kaart gestaan, maar biefstuk. Tegen rundvleesprijzen weliswaar, maar voor een deel van de online community is dat geen punt.

Piet de Leeuw heeft echt bewezen dat paardenbiefstuk beter is dan rund: Hij staat al jaren te boek als beste biefstuk van de stad! Hulde!

Andere mensen vinden ronduit dat hij de kluit heeft belazerd. Een enkeling vindt dat vergoelijkend typisch Amsterdamse handigheid:

Frauduleuze paardensteakrestaurateur Piet de Leeuw zegt dat er gewoon 'biefstuk' op zijn kaart stond. Alsof hij daarmee ingedekt is.

Ah, die paardensteak bij Piet de Leeuw is natuurlijk 'Mokumse Humor'.

Wat Piet de Leeuw bewezen heeft is dat je Amsterdammers dus van alles wijs kunt maken. Chapeau voor die man.

En naarmate de tijd vordert gaat de discussie geleidelijk over de – jawel – online discussie zelf:

Zolang Piet de Leeuw het kwaad is, kan iedereen zich weer fijn goed over zichzelf voelen. Genant.

@JNDKGRF noemt paardenvlees bij #Piet de Leeuw een Jodenstreek. Ik noem Jan Dijkgraaf een antisemiet. En dat is ie.

Piet de Leeuw is de Sjoerd van Keulen van deze week. Who's next. #haaipjes

En Steakhouse Piet de Leeuw? Daar gaan ze na enkele dagen over tot de orde van de dag. De verontwaardiging op sociale media neemt na bijna dertienhonderd berichten in krap een week snel af, zeker nu er geen sprake lijkt van een verband met de internationale paardenvleesaffaire. De hier en daar op Twitter gebruikte hashtags #horsegate en #paardengate vinden geen weerklank. Van de nood maakt het eetcafé een deugd: de kaart biedt plotsklaps zowel ossenhaas als paardenhaas voor respectievelijk 21,50 en 16,50 euro. *Het Parool* helpt Piet de Leeuw weer in het zadel door te berichten dat de zaak ondanks alle negatieve publiciteit bomvol zit. Dat doet huiscolumnist Max Pam op Twitter verzuchten:

In elk fatsoenlijk land zou Piet de Leeuw worden gesloten. Maar Nederlanders blijven er eten zoals zij ook hun geld naar Icesave brachten.

Het enige dat van de affaire resteert, is wat Google binnen een fractie van een seconde uitspuwt over Steakhouse Piet de Leeuw, namelijk zoekpagina's vol artikelen over een biefstukkenkoning die een paardenhaasprins bleek. Maar of Loek van Thiel daar wakker van ligt?

Hoe ga je om met kritiek?

Tot dusverre heb je kunnen lezen welke soorten klagers er zijn en hoe je hen kunt onderscheiden. Ook kun je verschillende vragen en klachten onderscheiden. Bovendien heb je een reis over internet gemaakt en heb je in het vorige hoofdstuk de online klaagmuren kunnen bezoeken waar vragen en problemen worden geuit. Met alle handvatten die je in de vorige hoofdstukken hebt meegekregen, is het nu de hoogste tijd om aan de slag te gaan. Want hoe ga je nu daadwerkelijk om met de kritiek die je ten deel valt?

In dit hoofdstuk gaat het over online reputatiemanagement als instrument om kritiek op internet te lijf te gaan. Daarbij wordt eerst geprobeerd het werkveld af te bakenen. Het begrip online reputatiemanagement moet echter nog uitkristalliseren. Daarom vind je verderop in dit hoofdstuk een eenduidige definitie van online reputatiemanagement, gericht op het bouwen aan de relatie tussen een organisatie en haar stakeholders. In het volgende hoofdstuk kun je uitgebreid lezen over webcare. Dan gaat het bijvoorbeeld om het beantwoorden van vragen en het oplossen van klachten. Het mag duidelijk zijn dat er sprake is van twee verschillende uitgangspunten. Bij online reputatiemanagement is de invalshoek meer public relations, bij webcare ligt het zwaartepunt bij klantenservice. Het positieve effect van webcare op de (online) reputatie van de organisatie is echter onmiskenbaar.

Waarom is je online reputatie belangrijk?

Een veelal gekscherend gebruikt spreekwoord over reputaties luidt: 'Het maakt niet uit hoe ze over je praten, als ze maar over je praten.' Zonder meer een interessant standpunt, maar ook een waarop veel valt af te dingen. Persoonlijk weet ik eigenlijk niet wat ik erger zou vinden: een slechte online reputatie of helemaal geen online reputatie. Als adviseur, spreker en schrijver over online reputatiemanagement, webcare, online pr en sociale media ben ik voor nieuwe opdrachten immers in belangrijke mate afhankelijk van mijn online reputatie. Als potentiële klanten mij online niet kunnen vinden, dan word ik niet meegenomen bij de afweging voor een nieuw adviesbureau of als spreker voor een congres of symposium. Indien een potentiële klant online alleen maar negatieve verhalen over mij vindt, kan ik een uitnodiging voor een oriënterend gesprek ook op mijn buik schrijven.

Als sollicitant mag je ervan uitgaan dat de recruiter van een organisatie niet alleen (anoniem) je LinkedIn-profiel bekijkt, maar ook dat hij je laatste tweets leest, je Facebook-account bestudeert en wellicht nog enkele andere socialemedia-accounts vindt. Uit alle tweets, posts, updates, check-ins en foto's ontstaat een helder beeld van wie je bent, wat je denkt, hoe je communiceert en wat je in je vrije tijd doet. Ook als je professionele kwalificaties volgens je curriculum vitae dik in orde zijn, krijgt een recruiter op basis van je online gedrag snel een aanvullende indruk van je. Dat kan gunstig uitpakken, maar wat als op Facebook nog een paar licht aangeschoten partyfoto's staan van je laatste trips naar Ibiza of Sankt Anton? Of als een rancuneuze ex-werknemer je op LinkedIn zwart heeft gemaakt in verschillende groepen die voor jou zakelijk zeer relevant zijn?

Ook bedrijven hebben een online reputatie

Een lichtarchitect uit de regio Utrecht adviseert particulieren, bedrijven en binnenhuisarchitecten over de beste en mooiste verlichting voor woonhuizen, kantoren, hotels en andere panden. Enkele jaren geleden heeft hij een stevige aanvaring gehad met een klant over een eindafrekening. Toen de klant ontevreden bleef met de aangeboden oplossing, postte deze uit wraak in het forum van *TROS Radar* vernietigende kritiek op de lichtarchitect. Dit commentaar kwam tot grote schrik van de lichtadviseur jarenlang als tweede bericht in de zoekresultaten van Google naar boven, direct achter de eigen website.

Bij een online reputatie gaat het er dus om welke informatie er online over een persoon, bedrijf of merk te vinden is. Dit heeft niet alleen een kwantitatief element (hoeveel is er te vinden), maar ook een kwalitatief element (wat is er te vinden en is dit positief of negatief).

De werking van Google

Als we het over 'online vinden' hebben, gaat het vanzelfsprekend primair over Google. Uit een onderzoek van iProspect/RMI (*Nationale Search Engine Monitor*) in april 2012 blijkt dat de zoekmachine een marktaandeel heeft van 93 procent en dus onbetwist marktleider is, zo niet monopolist in de Nederlandse zoekmachinemarkt. Andere internationale zoekmachines als Yahoo en Bing krijgen in Nederland nog maar weinig poten aan de grond. De Nederlandse zoekmachines Vinden.nl en Ilse.nl leiden een kwijnend bestaan.

Als organisatie wil je natuurlijk eenvoudig worden gevonden. Hoog eindigen in Google is dan ook belangrijk, niet alleen als mensen zoeken op je merk- en/of productnamen, maar ook op de keywords die voor jou cruciaal zijn. Keywords zijn de zoektermen of woordcombinaties waar mensen uiteindelijk op zullen zoeken op Google.

We begrijpen allemaal instinctief waarom hoog eindigen in de zoekresultaten van Google belangrijk is. Hoe hoger, hoe relevanter het zoekresultaat en hoe groter de kans dat mensen doorklikken en de bronpagina bekijken. Onderzoek in de VS door SlingshotSEO in 2011 (*A Tale of Two Studies: Establishing Google & Bing Click-Through Rates*) naar zogenaamde doorklikratio's of click-through-ratio's (CTR) heeft aangetoond dat de eerste positie in Google een CTR kent van achttien procent. De tweede en derde positie leiden tot een CTR van respectievelijk tien en zeven procent. De tiende positie heeft een CTR van een schamele één procent. Het is verbazingwekkend hoe snel dit percentage terugloopt. Kun je je voorstellen wat de CTR is voor posities op de tweede, derde of volgende pagina's met zoekresultaten? Die gaat van schamel naar marginaal. Niet voor niets zijn vele organisaties dag in dag uit bezig om hun organische posities (dus niet hun advertenties) binnen Google te verbeteren op alle relevante keywords. Maar hoe werkt de zoekmachine eigenlijk? Waarom eindigen sommige pagina's hoog en andere laag?

De manier waarop Google zoekresultaten rangschikt en presenteert, is vrij complex en nog steeds in zekere mate ondoorzichtig. In essentie komt het echter neer op een mechanisme dat razendsnel meer dan tweehonderd factoren – door Google 'signals' genoemd – weegt om de resultaten van een zoekopdracht te rangschikken en aan de gebruiker te tonen. Factoren die een rol spelen, zijn onder andere de actualiteit van de informatie en de relevantie van de tekst in de relatie tot de zoekopdracht. Ook het belang van de bronpagina weegt mee. Deze drukt Google uit in een PageRank en wordt bepaald aan de hand van het aantal links vanaf andere webpagina's. Elke link kun je feitelijk zien als een stem. Hoe meer stemmen, hoe beter. Tegelijk analyseert Google ook de herkomst van de link. Een 'stem' van een pagina met een hoge PageRank is belangrijker en telt zwaarder mee dan die van een pagina met een lage PageRank.

Al zolang marketeers het belang zien van een betere online vindbaarheid, proberen organisaties de zoekresultaten van Google te beïnvloeden. Het algoritme van Google, de gouden toverformule waarmee Google bepaalt welke webpagina's het best aansluiten op de zoekvraag van de gebruiker, is echter net zo'n topgeheim als de receptuur van Coca-Cola. Het algoritme wordt bovendien regelmatig aangepast en verfijnd om gebruikers nog relevantere zoekresultaten te kunnen tonen. Daarbij richten de programmeurs van de zoekmachine zich op het weren van websites met lage kwaliteit uit de zoekresultaten (dit gebeurde met de Panda-update in 2011). Ook heeft Google websites aangepakt die zich schuldig maken aan keyword spamming en link spamming (met de Penguin-update in 2012). Aan de andere kant, zolang de bezoeker centraal staat op je website, heb je van Google niets te vrezen. In richtlijnen adviseert Google bijvoorbeeld om je content niet puur te richten op het optimaliseren van keywords, maar om bezoekers informatie te bieden waaraan ze daadwerkelijk iets hebben. Vermelde links moeten relevant zijn en met mate gebruikt. Het aantal links van andere websites naar jouw website blijft relevant, maar kwaliteit gaat boven kwantiteit. Links van een bron met een lage waarde leveren je sinds de laatste update weinig op en zullen steeds meer tegen je werken.

Wat is online reputatiemanagement?

Gedurende de opkomst van internet en sociale media ben ik me voortdurend bewust geweest van de impact van wat er online te vinden is op de overall reputatie van mijn toenmalige werkgever. Ik werkte vanaf 1999 bij UPC Nederland – niet alleen een bedrijf waar op dat moment qua reputatie een uitdaging lag, maar ook een bedrijf met een groep stakeholders die zich in hoge mate online roerden. Niet elke organisatie was zich toen al bewust van haar online reputatie, laat staan dat deze bewust werd gestuurd.

Om het nog ingewikkelder te maken is er geen breed geaccepteerde definitie van online reputatiemanagement. Er lijken eerder drie verschillende interpretaties te zijn, namelijk op strategisch, tactisch en operationeel niveau.

Strategisch niveau

Ik zie geen verschil tussen offline en online reputatiemanagement op strategisch niveau. Uiteindelijk gaat het primair om het overbruggen van het verschil tussen hoe een organisatie zichzelf ziet en hoe anderen de organisatie zien. Daarbij zijn 'online' en 'sociale media' integraal onderdeel van de overall communicatiestrategie. Deze invalshoek ligt in lijn met definities die we kennen uit het vakgebied public relations of corporate communicatie, maar de integrale benadering zien we nog maar mondjesmaat terug in organisaties.

Tactisch niveau

Op meer tactisch niveau zie ik definities waarbij online reputatiemanagement is gericht op beïnvloeding van het beeld van een persoon, een merk of organisatie zoals die op internet en/of via sociale media vorm krijgt – óf het is de bedoeling online een positieve beeldvorming te bewerkstelligen, óf er moet een negatief beeld worden vermeden.

Operationeel niveau

Ten slotte zie ik definities op operationeel niveau waarbij online reputatiemanagement gelijkgesteld wordt aan het naar beneden duwen van negatieve zoekmachineresultaten naar meer onschadelijke Google-rankings. Deze invalshoek was rond 2007 korte tijd een hype en werd ook wel SERM genoemd: search engine reputation management.

Voor alle drie de invalshoeken is veel te zeggen en geen enkele definitie is faliekant fout. Toch wringt het gebrek aan eenduidigheid en dekken deze invalshoeken naar mijn gevoel de lading van online reputatiemanagement niet.

Het populaire sentiment om negatieve zoekmachineresultaten naar beneden te duwen vind ik eigenlijk geen vorm van (operationeel) reputatiemanagement. De (tactische) beïnvloeding van de beeldvorming doet mij denken aan het aloude 'zenden' uit het communicatie 1.0-tijdperk dat ik in de inleiding schetste. Deze invalshoek is niet meer van deze tijd, er is immers een nieuw machtsevenwicht tussen organisaties en mensen uitgekristalliseerd. Begrippen als transparantie en authenticiteit staan centraal in de communicatie van veel organisaties. Daarbij past naar mijn idee een nieuwe definitie voor online reputatiemanagement die recht doet aan zowel het strategisch belang als de nieuwe krachtsverhoudingen. Daarom voel ik op strategisch/tactisch niveau meer voor de volgende, praktische definitie:

Online reputatiemanagement is gericht op het verbeteren van de verstandhouding tussen een organisatie en haar stakeholders door proactief en stelselmatig betrokken te zijn bij relevante online conversaties.

Zweverig? Valt mee, uiteindelijk gaat het er toch om dat je als winkel, voedingsmiddelenbedrijf of bijvoorbeeld ministerie zo goed mogelijk voor de dag weet te komen. Een betere verstandhouding is daarbij een positieve impuls voor de reputatie van je organisatie. In het woord 'verstandhouding' zitten ook het nieuwe evenwicht en de wederkerigheid vervat tussen een organisatie en haar stakeholders. Uit 'proactiviteit' en 'stelselmatigheid' vloeit voort dat je als organisatie verantwoordelijkheid neemt voor je online reputatie, dat je daadwerkelijk zelf initiatief neemt en dat je structureel en planmatig aan de slag gaat. Je maakt bovendien keuzes en stelt prioriteiten: je zet je schaarse capaciteit alleen in voor conversaties over die onderwerpen, thema's of issues die voor jouw organisatie daadwerkelijk belangrijk zijn.

De zeven P's van online reputatiemanagement

Een online conversatie kun je opvatten als elke activiteit waarbij visies, ideeën, standpunten en/of informatie worden uitgewisseld. Dat kan een heftige, professionele discussie zijn in een LinkedIn-groep of een nieuwe post op je companyblog, maar ook de publicatie van een whitepaper of het produceren van een serie webinars. Zelfs als je slechts volgt welke buzz over belangrijke onderwerpen verschijnt, ben je al volop bezig met een vorm van online reputatiemanagement.

Proberen

Het eerste en misschien wel allerbelangrijkste instrument van online reputatiemanagement is het onderzoeken of monitoren van sociale media. Het zijn immers niet alleen stakeholders die begrip moeten hebben voor de organisatie, maar het is ook andersom: het komt de wederzijdse verstandhouding ten goede als een organisatie diepgravend inzicht heeft in de beweegredenen van haar stakeholders. Daarvoor moet je structureel luisteren naar de online buzz rondom je organisatie, merken en concurrenten, maar ook naar relevante thema's en issues die bij de stakeholders leven. Je kent en volgt invloedrijke online opinieleiders in de branche en de belangrijkste ambassadeurs van je merk. Met online monitoring heb je voortdurend een vinger aan de pols van je reputatie. De meningen van mensen zijn op internet spontaan, ongepolijst en ongefilterd, zonder tussenkomst van enquêteformulieren en onderzoeksbureaus. De stroom van online berichten geeft een impressie van de manier waarop mensen al jaren over je organisatie praten met vrienden, familie en collega's. Je kunt het nu volgen, analyseren en intern terugkoppelen. Zeker bij grotere organisaties met veel online buzz kan dit een tijdrovende klus zijn. In hoofdstuk 8 sta ik daarom uitgebreid stil bij de manier waarop je kunt monitoren en de beschikbare online monitoringtools die je werk gemakkelijker kunnen maken.

Profielen

Om via sociale media conversaties te kunnen aangaan heb je als organisatie en medewerker(s) accounts nodig op de belangrijkste sociale netwerken. Dat zijn in Nederland in elk geval Twitter, LinkedIn, Facebook en – afhankelijk van je doelgroep – wellicht Hyves. Om online content te publiceren kun je onder andere denken aan YouTube en Vimeo (video), Flickr en Instagram (fotografie), Slideshare (presentaties) en Scribd (documenten). Bijkomend voordeel: Google vindt de grote sociale netwerken en contentplatforms goed en zal jouw accounts vermoedelijk hoog indexeren, in elk geval wat betreft de naam van je organisatie. Daarvoor is het wel noodzakelijk dat je je profiel overal zo volledig mogelijk invult, waarbij je rekening houdt met de naam waaronder je wilt worden gevonden en andere belangrijke keywords. Deze kun je bijvoorbeeld verwerken in je profielomschrijving of als tag toevoegen aan je profiel en de content die je zelf publiceert. Vergeet ook geen link naar je website te vermelden. In hoofdstuk 8 ga ik dieper in op het aanmaken van eigen accounts.

Participeren

Organisaties hebben nog steeds enige huiver om actief in online conversaties te participeren. Gedeeltelijk heeft dit te maken met de verwachting dat sociale media veel capaciteit kosten ('en we hebben het al zo druk!'). Daarnaast zijn bedrijven bang dat ze juist meer kritiek zullen losmaken als ze aan online conversaties deelnemen. Wat ze zich meestal niet realiseren, is dat die kritiek online al lang wordt geuit, maar dat ze die tot dusver niet hebben gezien.

Deelname aan online discussies is juist een goede manier om voorzichtig kennis te maken met sociale media. Van het online monitoren van relevante conversaties naar het geven van een reactie daarop is uiteindelijk niet zo'n heel grote stap. Door je regelmatig in een discussie te mengen kun je ervaring opdoen met de online 'mores', je eigen tone of voice vinden en langzaam wennen aan de grotere zichtbaarheid die je op deze manier creëert. De groepen op LinkedIn zijn meestal een prettige plaats om voorzichtig ervaring op te doen. Je hebt een grote keus uit thema's en vanwege de aard van het netwerk (professionals) en de zichtbaarheid (want niet anoniem) gaan mensen respectvol met elkaar om. En ja, ook Google zal je replies of comments vinden en indexeren.

Het is belangrijk dat je bijdrage aan een online conversatie interessant is (tot zover weinig verschil met offline gesprekken!). Je biedt een nieuwe invalshoek, aanvullende informatie of waardevolle ervaringen. Daarbij respecteer je vanzelfsprekend de mening van anderen, want ook jij hebt niet alle wijsheid in pacht. Wees niet te commercieel; veel mensen zullen dit vooral als opdringerig ervaren en je voortaan mijden. Stel dan ook vooraf vast waar je expertise zit en zoek discussies op waaraan je daadwerkelijk een inhoudelijke bijdrage kunt leveren. Of stel gerichte vragen aan mensen die klaarblijkelijk veel weten over een onderwerp dat je interessant of belangrijk vindt. En reageer weer op antwoorden die je krijgt. Vraag om hulp als je informatie of advies nodig hebt. Veel mensen willen je graag een stapje verder helpen. Bedank mensen vervolgens voor hun bijdrage aan jouw denkproces.

Bouw zo stap voor stap een band op met je nieuwe online kameraden. Pas overigens op met humor: je kunt snel verkeerd worden begrepen, waardoor je niet meer wordt geaccepteerd. Dat merk je gauw genoeg: de discussie gaat om je heen verder, maar niemand reageert meer op je opmerkingen.

Kost dit alles tijd? Vanzelfsprekend, maar wellicht minder dan je denkt. Je kunt 'klein' beginnen; zo kun je er bijvoorbeeld voor kiezen om maar op een of twee relevante plaatsen te participeren in online conversaties. Ook is het goed om je te realiseren dat niemand verwacht dat je aan elke online conversatie deelneemt. Ieders tijd is beperkt en je kunt nu eenmaal niet op elk 'feest' verschijnen. Bovendien heb je specifieke managementtools voor sociale media die werkzaamheden als online monitoren en reageren vereenvoudigen. Ten slotte deel je natuurlijk zelf je tijd in. Bedenk hoeveel tijd je aan online conversaties wilt besteden en houd je daaraan. Hoewel werk en privé bij mij volledig door elkaar heen lopen en ik zo'n beetje zit vastgeplakt aan mijn iPhone, probeer ik gedurende werktijd op specifieke momenten te reageren: aan het begin van de werkdag, rond de lunch en aan het einde van de werkdag. Dat zijn ook de momenten waarop ik mijn e-mail check en beantwoord. Maar met een smartphone kun je, als je wilt, natuurlijk bijna overal aan online conversaties deelnemen.

Publiceren

Participeren in (bestaande) online conversaties is in belangrijke mate reactief. Je kunt als organisatie ook het heft in eigen hand nemen door online interessante content te publiceren voor de specifieke doelgroep(en) die je op het oog hebt. Online content bestaat in allerlei varianten. Denk bijvoorbeeld aan tekst (blogposts, whitepapers, e-books), afbeeldingen (infographics, foto's), video (corporate video's, video news releases, webinars) en audio (podcasts).

Na zijn afstuderen reorganiseerde de Russische immigrantenzoon Gary Vaynerchuck (1975) de slijterij van zijn vader in New Jersey tot de online wijnwinkel Winelibrary.com. Toen Vaynerchuck in 2006 met de dagelijkse videoblog Wine Libray TV startte, had hij echter geen idee wat hij op gang bracht. In lange webcasts vanuit zijn kantoortje besprak Vaynerchuck in ongewoon directe bewoordingen nieuwe wijnen, gaf hij beoordelingen en ontving hij andere experts als gast. De populariteit van de uitzendingen groeide snel; de webcasts trokken dagelijks gemiddeld honderdduizend viewers en leidde tot ongekend zakelijk succes. Na duizend uitzendingen ging na vijf jaar de stekker uit de grote Vaynerchuck-show. Ondertussen had de bedenker en presentator een geduchte reputatie opgebouwd als socialmedia-expert, veelgevraagd spreker en bestsellerauteur. Ook is hij investeerder in talloze start-ups en co-founder en CEO van Vaynermedia, een socialemedia-agency met vestigingen in New York en San Francisco.

Online content is geen advertentie. Je weet inmiddels dat eenrichtingsverkeer niet meer werkt. Nee, online content dient in belangrijke mate als *conversation starter*, bijvoorbeeld om het onderbenutte conversatiepotentieel van jouw organisatie aan te boren. In zijn boek *De conversation company* uit 2012 omschrijft auteur Steven van Belleghem het onderbenutte conversatiepotentieel als conversaties die niet plaatsvinden doordat een organisatie online conversaties niet strategisch beheert. Hij stelt dat het klantenbestand van elk bedrijf voor 28 procent uit heel tevreden klanten bestaat die niet over het bedrijf praten en noemt dat een onaangeboorde goudmijn: mensen willen graag praten maar weten niet hoe. Met relevante content kunnen bedrijven het conversatiepotentieel alsnog aanboren.

Een andere optie is om met je content je expertise te benadrukken en jezelf te profileren als opinieleider op een specifiek terrein. Waar sprake is van contentmarketing of inboundmarketing moet de publicatie van online content leiden tot zichtbaarheid, vindbaarheid en traffic naar de website van de betreffende organisatie. Uiteindelijk is het doel 'conversie', ofwel nieuwe klanten.

Goede online content voldoet in elk geval aan de volgende zeven voorwaarden:

1. De content is gebaseerd op de leden van je doelgroep: je weet wat hen beweegt, welke zorgen ze hebben en welke oplossingen ze zoeken.

2. Goede content gaat ergens over. Het heeft een specifiek thema. Het is geen 'supermarkt' van informatie maar een specialiteitenwinkel.
3. De content wordt ontwikkeld met relevante keywords voor ogen. *Keyword stuffing* is uit den boze, maar Google moet de content wel kunnen indexeren.
4. Op basis van doelgroep en thema ontwikkel je een creatief concept en beslis je over de vorm (en lengte) waarin je de content aanbiedt: tekst, video, foto, illustraties, audio, et cetera.
5. Separaat denk je bovendien goed na over de tone of voice van de content. Is het formeel of informeel? Serieus of luchtiger van toon? Stel je je naar je doelgroep op als docent, coach, vriend of vader?
6. Qua timing besluit je niet alleen over de frequentie waarmee je nieuwe content post, maar ook over het beste moment om nieuwe content te publiceren.
7. Ten slotte neem je een besluit over de manier waarop je online content distribueert. Welke content publiceer je op welke plaats? Wat is de rol van je website? Wellicht wil je een eigen social news room, blog of community ontwikkelen. Kun je je videoblog beter op YouTube posten of op Vimeo? Of lever je regelmatig een bijdrage aan een belangrijke blog in jouw branche?

Deze zeven voorwaarden bieden houvast bij de ontwikkeling van een professionele contentstrategie, maar bieden sec nog geen garantie op succes, zoals Flynt van de KLM aantoont.

In het najaar van 2012 zag Flynt het licht, de Very Interactive Puppet (vip), bedacht door de socialemediaredactie van luchtvaartmaatschappij KLM zelf. Flynt is een fictief karakter: een oude, mopperende pop in de categorie Statler en Waldorf met een eigen Facebook-pagina (facebook.com/iamflynt). Met Flynt wil de redactie lastige onderwerpen bespreekbaar maken. Zo kondigde KLM aan via Flynt nieuwe producten te zullen testen, bestemmingen onder de loep te nemen en de organisatie van de luchtvaartmaatschappij van binnenuit te laten zien. De toon van Flynt is licht kritisch en onhandig omdat hij net de socialemediaboot heeft gemist, aldus de wat geforceerde uitleg van de redactie.

Na een paar maanden heeft Flynt op Facebook een schamele vijfduizend likes, weinig in vergelijking met de drie miljoen likes op de fanpage van KLM. De redactie plaatst meerdere keren per week berichten, maar de updates zijn zelden interessant en voegen niets toe (in een en dezelfde week Flynt gephotoshopt naast Lady Gaga onder noemer 'Busy conquering the United States', een nietszeggende foto van Valentijnspost voor Flynt en Flynt die brommerig reageert op een eigen KLM-foto op de fanpage van KLM). De humor is ronduit banaal (hoofd van Brad Pit op lijf van Flynt met tekst 'Oh no! Last night I dreamed about Brad PupPitt!?!?').

KLM slaat met Flynt de socialemediaplank voor het eerst behoorlijk mis. De content op de fanpage van Flynt is overwegend niet relevant en lijkt niet afgestemd op de doelgroep van KLM. Het gekozen concept en de toon wekken vooral bevreemding, terwijl de eigen fanpage van Flynt niet echt van de grond komt. De vraag is dan ook gerechtvaardigd of KLM met al haar capaciteit en budget voor sociale media niet een meer volwassen en effectievere drager voor haar online content had kunnen bedenken. Aan interessante content is bij een grote, internationale luchtvaartmaatschappij namelijk geen gebrek. Hopelijk voor KLM laat Flynt zichzelf op korte termijn met pensioen gaan.

Promoten

In essentie wil je als organisatie dat mensen jouw bijdragen aan relevante online conversaties zowel vinden als delen met friends, followers en connecties. Het is verstandig om dit te faciliteren. Dat kan op verschillende manieren:

- *Keywords.* Houd rekening met zoekmachineoptimalisatie (SEO) als je content publiceert op bijvoorbeeld blogs, YouTube of Slideshare. Titels, koppen, onderkoppen, leads, tussenkopjes, et cetera: Google is er dol op. Verwerk in elk geval een of meerdere relevante keywords op deze voorkeursplaatsen.
- *Content delen.* Daarnaast kun je viewers trekken voor je content door deze via andere sociale netwerken te delen. Een video op YouTube of een presentatie op Slideshare verdient een tweet of update op Facebook of LinkedIn met een directe link.
- *Deel met volgers.* Verspreid interessante en positieve content van derden naar jouw volgers. Dit heet *social*

sharing en kan bijvoorbeeld in de vorm van een retweet op Twitter, via de functie Delen op Facebook of via repinnen op Pinterest.

- *Gebruik buttons.* Bij individuele blogposts zie je vrijwel altijd een balkje met icoontjes van Twitter, Facebook, LinkedIn, Google+ en ook Pinterest. Met deze *social sharing*-buttons faciliteert de blogger je om met de minste inspanning zijn content te delen.
- *Blogs.* Ook door in een comment op een blog te verwijzen naar interessante content op jouw website of elders op internet draag je bij aan online conversaties. Vergeet geen directe link op te nemen.
- *RSS.* Via een RSS-reader lopen voor jou interessante online artikelen binnen in een feed. Door een koppeling met al je social accounts kun je vervolgens precies bepalen wanneer deze artikelen met welke groep moet worden gedeeld.
- *Niet te veel.* *Social sharing* heeft ook een keerzijde: als je alleen maar content deelt van anderen, kun je overkomen als visieloos. Te veel berichten delen in korte tijd kan zelfs als iets te opdringerig overkomen en ertoe leiden dat mensen je niet meer volgen.
- *Social news room.* In een eigen social news room kun je snel en eenvoudig actuele content publiceren. Organisaties hebben meestal een plaats op de website waar persberichten en soms ook rapporten, jaarverslagen, presentaties, foto's en video's worden gedeeld. In veel gevallen is deze sectie niet of nauwelijks geoptimaliseerd voor zoekmachines en sociale media. In plaats van

een eigen social news room te bouwen kiezen steeds meer bedrijven ervoor deze extern onder te brengen bij partijen als Perspagina.nl of PressDoc.com. Dit is vaak eenvoudiger, sneller, goedkoper en beter. Dergelijke social news rooms zijn zeer gebruikersvriendelijk en kunnen (deels) worden uitgevoerd in de huisstijl van de organisatie. Ze zijn geoptimaliseerd voor Google en bieden volop *social sharing*-mogelijkheden. Met een of twee links in de tekst naar relevante pagina's op je website stimuleer je bovendien linkbuilding en traffic.

- *Persberichten.* Om online je vindbaarheid te stimuleren en negatieve content te onderdrukken kun je ook individuele persberichten plaatsen op andere nationale en internationale nieuwsberichtenservices zoals Pitchengine. com, Nieuwsbank.nl, Emea.nl of Nieuwsloket.nl. De prijzen variëren, maar beginnen al bij circa vijftien euro. Ook zijn er gratis online persberichtenservices. Denk ook nu weer aan je SEO en benut koppen, onderkoppen en leads. Vergeet ook hier je links niet.
- *Bloggers.* Ten slotte kun je een band opbouwen met belangrijke bloggers in jouw branche of rondom een specifiek thema door hen regelmatig te benaderen met nieuwtjes. In sommige branches zoals food, ICT, travel, fashion en beauty organiseren pr-bureaus en hun cliënten regelmatig bloggerevents rondom nieuws of bepaalde thema's.

Perfectioneren

Zoals in de hoofdstukken hiervoor duidelijk is geworden, is het communicatievak ingrijpend veranderd. Machtsverhoudingen zijn verschoven; klanten en andere stakeholders van organisaties hebben ineens een stevige mening. Het tempo van de communicatie is bovendien flink opgeschroefd. Verstuurden we twintig jaar geleden een persbericht per post, dan waren we blij dat er binnen twee dagen een artikeltje in een dagblad stond. Nu zijn we teleurgesteld als een online news release niet binnen een uur op tien blogs staat. Communicatie en conversaties gebeuren real-time over tijdzones en de grens tussen werk en privé heen. Onze 'gereedschapskist' met communicatiemiddelen is bovendien ontploft. We beschikken online over alle faciliteiten om snel, efficiënt en met maximale impact te werken, of het nu gaat om de productie van content, publishing, monitoring of analyse. Het houdt maar niet op – en het kan niet op. Maar wat is het effect van al je inspanningen op het gebied van online reputatiemanagement? Ben je daadwerkelijk betrokken bij relevante online conversaties? Is er sprake van engagement van en met stakeholders? Consultant en auteur Jim Sterne definieerde in zijn boek *Social Media Metrics, how to measury and optimize your marketing investment* de essentie van engagement als: 'Engagement is when somebody cares and interacts. Both are necessary.'

Als indicaties van *caring* noemde hij onder andere het aantal likes op Facebook, favorites op Slideshare, likes op Foursquare of social bookmarks op websites als Digg, Reddit, Delicious en

Stumbleupon. Daarmee geven mensen aan dat ze jouw content of bijdrage aan de online conversatie waarderen en het vermelden waard vinden. Een belangrijke indicatie van interactie is bijvoorbeeld een comment onder een blogpost, een Facebookupdate of een video op YouTube. Als je meet hoeveel comments je krijgt, weet je of je daadwerkelijk mensen hebt geraakt met je bijdrage. Als meetbare en vergelijkbare eenheid beschrijft Sterne de conversation rate:

'Conversation rate = het aantal comments in periode X, gedeeld door het aantal posts in periode X.'

Gelukkig is het niet noodzakelijk om deze en alle andere indicatoren van engagement handmatig te meten. Daarvoor zijn in veel managementtools voor sociale media handige analyse- en rapportagemogelijkheden beschikbaar.

Protesteren

In dit hoofdstuk heb je tot dusver veel tips en adviezen gekregen om met positieve online content deel te nemen aan relevante conversaties en zo de verstandhouding tussen een organisatie en haar stakeholders te verbeteren. Met die positieve content worden bovendien negatieve berichten over een organisatie gaandeweg verdrongen naar minder zichtbare pagina's in Google. Toch kan er een situatie zijn waarin je onmiddellijk maatregelen wilt nemen en content wilt laten verwijderen. Twee voorbeelden.

Stel, op televisie verschijnt een reportage over een onderzoek naar fraude bij een cultuurfonds. De vorige eigenaar van jouw modewinkels was daar bestuurslid en wordt verschillende malen genoemd als dader. Het geld lijkt bovendien weggesluisd via jouw winkels. Dat alles speelde echter af voordat jij het bedrijf kocht en je hebt dan ook op geen enkele wijze iets te maken met de fraude. Het artikel is aantoonbaar op meerdere punten volstrekt onjuist. Niettemin zijn enkele tientallen jeugdige modebloggers er als de kippen bij om het verhaal klakkeloos over te nemen en op hun blog te plaatsen. Binnen enkele uren verschijnen de eerste artikelen bovenaan in de zoekresultaten op Google.

Stel, je hebt een populaire en succesvolle webwinkel in consumentenelektronica. De plasmaschermen, stereo's, computers en fotocamera's vliegen het magazijn uit. Bij een van de leveringen gaat helaas iets mis. Je klant heeft zelf zijn nieuwe plasmascherm aangesloten en daarbij ondeugdelijke coaxkabels en connectoren gebruikt. Het resultaat is stevige interferentie op meerdere tv-kanalen. De klant plaatst op YouTube een video waarop de storing duidelijk te zien is. In het bijbehorende commentaar krijg jij met naam en toenaam de volle laag en beschuldigt de klant je van een wanprestatie. Je beseft het gevaar en pakt de klacht voortvarend op. Hoewel je niet verantwoordelijk bent voor de binnenhuisinstallatie bij de klant, vervang je deze binnen een dag. Service van de zaak. De klant weigert echter de video van YouTube te verwijderen. Inmiddels heeft Google deze als derde zoekresultaat geïndexeerd.

In dergelijke situaties kan het zinvol zijn om contact te zoeken met degene die de negatieve content publiceert en te vragen om deze te verwijderen. In het eerste voorbeeld is dat betrekkelijk veel werk omdat de content uitgebreid is gedeeld en mogelijk nog op allerlei plaatsen is opgeslagen, bijvoorbeeld in het cachegeheugen van Google. Daarbij komt dat je afhankelijk bent van de welwillendheid van de auteur. Als deze weigert content te verwijderen, dan zijn er maar weinig alternatieven.

In het tweede voorbeeld zou je met een online comment op de video het effect iets kunnen verzachten of zelfs neutraliseren. Je legt zo snel mogelijk uit wat het probleem was, wat je hebt gedaan voor de klant en dat je blij bent dat het probleem is opgelost.

Wanneer het aantoonbaar een onjuist bericht betreft en je blijvend veel schade lijdt, zijn juridische stappen mogelijk (procederen, de te vermijden achtste P in de mix). Bedenk wel dat brieven van advocaten of dagvaardingen vermoedelijk direct online staan en zullen bijdragen aan het online beeld van je organisatie. Het middel is dan mogelijk erger dan de kwaal. Over het structureel werken aan de verstandhouding met deze ene stakeholder heb ik het dan maar niet meer.

Samenvatting

Bij een online reputatie gaat het erom welke informatie er online over een persoon, bedrijf of merk te vinden is.

Online vindbaarheid staat feitelijk gelijk aan vindbaarheid op Google. De werking van de zoekmachine is beknopt beschreven. De precieze toverformule waarmee Google webpagina's indexeert, is echter een goed bewaard geheim. Om je online reputatie te kunnen beïnvloeden is kennis van zoekmachineoptimalisatie (SEO) onontbeerlijk, maar pas op: Google manipuleren werkt tegen je. Zolang de bezoeker centraal staat op je website, hoef je van Google gelukkig niets te vrezen, zo lijkt het. Richt je content niet puur op het optimaliseren van keywords, maar bied bezoekers vooral informatie waar ze daadwerkelijk iets aan hebben.

Er is geen breed geaccepteerde definitie van online reputatiemanagement. Op strategisch/tactisch niveau gaat het om het verbeteren van de verstandhouding tussen een organisatie en haar stakeholders door proactief en stelselmatig betrokken te zijn bij relevante online conversaties.

De online reputatiemanagementmix bestaat uit zeven P's: proberen, profielen, participeren, publiceren, promotie, perfectioneren en protesteren.

Met online monitoring heb je voortdurend een vinger aan de pols van je reputatie (Proberen). De meningen van mensen zijn op internet spontaan, ongepolijst en ongefilterd, zonder tussenkomst van enquêteformulieren en onderzoeksbureaus.

Om online conversaties te kunnen aangaan via sociale media heb je als organisatie en medewerker(s) accounts (Profielen) nodig op voor jouw relevante sociale netwerken, waaronder Twitter, LinkedIn, Facebook, YouTube, Flickr, Slideshare en Scribd.

Door je regelmatig te mengen in een online discussie (Participeren) kun je ervaring opdoen met de online mores, je eigen tone of voice vinden en langzaam wennen aan een grotere zichtbaarheid.

Als organisatie neem je het heft in eigen hand door online interessante content te verspreiden voor de specifieke doelgroep(en) die je op het oog hebt (Publiceren), bijvoorbeeld blogposts, whitepapers, e-books, infographics, foto's, corporate video's, video news releases, webinars en podcasts.

Je doet er goed aan de verspreiding van je online content een kickstart te geven (Promotie), bijvoorbeeld met zoekmachineoptimalisatie, met het herleiden van traffic via je socialemediaprofielen of via *social sharing*. Een online news room is voor veel organisaties een goede plek om content te publiceren en aan te jagen.

Met behulp van managementtools is het mogelijk om het engagement van je stakeholders te analyseren en voortdurend verbeteringen door te voeren in je online reputatiemanagementmix (Perfectioneren).

Er kunnen zich situaties voordoen waarin je onmiddellijk actie wilt ondernemen om negatieve content te laten verwijderen (Protesteren). Dat kan aanvankelijk met een dringend verzoek aan de auteur van de content, maar uiteindelijk ook met juridische stappen. Pas echter op voor een boemerangeffect.

HOOFDSTUK 6
WEBCARE

'Je wordt in principe door de klant gedwongen om aan webcare te gaan doen,' bekende Leo Ooms, director customer service van TUI Nederland tijdens de relatiedag webcare van adviesbureau Upstream op 15 februari 2013. Dat was alleen nog helemaal geen uitgemaakte zaak voor de grootste reisorganisatie van Nederland. Met gemiddeld twaalfduizend telefoongesprekken per week, honderdduizend e-mails per jaar en zo'n zestienduizend webchats voor elf verschillende reismerken had TUI de handen meer dan vol. Maar de reiswereld was veranderd en TUI merkte dat klanten steeds vaker hun heil zochten op sociale media. Dat vroeg om een nieuwe aanpak, maar de drempel was hoog. Erg hoog.

TUI Nederland is met anderhalf miljoen vakanties en een omzet van 1,7 miljard euro in 2012 verreweg marktleider in de Nederlandse reisbranche. De reisorganisatie voert een breed en gevarieerd merkenbeleid. Zo is Arke het scherp geprijsde allround vakantiemerk met een multichannel distributie en Holland International dé bestemmingsspecialist via de ANVR-reisbureaus. KRAS.NL daarentegen is een direct-seller die is gespecialiseerd in bus-, fiets- en vaarvakanties en verre groepsrondreizen. Voor een clubvakantie kun je terecht bij Robinson en bij KidsWorldClub vinden families zonnige vakantiebestemmingen. Daarnaast heeft TUI Nederland de eigen luchtvaartmaatschappij ArkeFly. De reisbureaugroep van TUI Nederland bestaat verder uit honderddertig eigen winkels van Arke en zestig franchisewinkels die onder de naam Holland International Reisbureaus geëxploiteerd worden.

Een klacht indienen bij bijvoorbeeld Arke was tot voor kort niet eenvoudig. Van oudsher moesten klanten hun grieven schriftelijk indienen. Daarmee werd bewust een drempel opgeworpen, want, zo was de gedachte, we zetten de deur liever niet open voor klachten. Van webcare moesten de TUI-merken helemaal niets hebben. Een klacht één op één afhandelen was tot daaraan toe, maar via sociale media mensen laten meekijken hoe de reisorganisatie klanten hielp met vragen en klachten was een brug te ver. Waren de TUI-merken dan helemaal niet actief op sociale media? Jawel, maar dat beperkte zich tot het pushen van lastminute aanbiedingen. Dit zenden leverde maar weinig interactie met klanten op, laat staan bestendiging van bestaande klantrelaties. Samen met social business-specialist Marco Derksen van Upstream bezon TUI zich op een nieuwe aanpak: webcare. 'We merkten dat klanten op sociale media praatten over onze merken. Klachten, kritiek, maar ook complimenten worden daar gemakkelijk geuit,' aldus Ooms. TUI wist dat het de hoogste tijd was om online klachten op te pakken en zo met klanten in dialoog te komen. De directie begreep wat de mogelijkheden en vooral de voordelen van webcare waren en creëerde zo draagvlak in de rest van de organisatie. Het was de bedoeling klanten met vragen snel en feitelijk van de juiste antwoorden te voorzien en klagende klanten binnenboord te houden. Dat alles moest leiden tot grote klanttevredenheid en retentie, plus een betere reputatie.

TUI Nederland startte met de implementatie vanuit een duidelijk uitgangspunt: de werkwijze van webcare moest aansluiten bij de bestaande procedures, scripts, tools en interne organisatie van het Contact Center. Behalve aan monitoren, trainen en oefenen werd veel tijd besteed aan een omvangrijke handleiding. Dit zeventig pagina's dikke boekwerk stond vol met voorbeeldantwoorden. Voor elke denkbare vraag was een standaardantwoord bedacht met dezelfde tone-of-voice als in de scripts voor bijvoorbeeld e-mail en chat. De gedachte hierachter was dat medewerkers met een minimum aan inspanning goede, eenduidige antwoorden konden verzenden.

In april 2012 ging TUI live met webcare. Aanvankelijk konden de Contact Center-medewerkers goed uit de voeten met de handleiding. Deze gaf duidelijke kaders en reduceerde onzekerheid. Alleen werd voor klanten langzaam duidelijk dat het standaardantwoorden betrof toen kort achter elkaar verschillende malen tekstueel precies hetzelfde antwoord verscheen op de tijdlijn van TUI op Twitter. Bovendien sloot de formele tone-of-voice van de reisorganisatie niet aan bij de informele communicatie op sociale media. Door te variëren in taalgebruik, woordkeuze en volgorde van zinsopbouw konden medewerkers weliswaar een uniek antwoord formuleren, maar nam de snelheid af en de kans op fouten toe. Na deze trial-and-errorperiode gooide TUI het roer uiteindelijk drastisch om. De handleiding werd teruggebracht naar tien bladzijden en berichten worden voortaan beantwoord met de waarden van de PIEK-methode:

- Persoonlijk: de klant moet de smile van TUI Nederland herkennen in de dialoog.
- Inlevend: de webcaremedewerker begrijpt het probleem van de klant.
- Efficiënt: korte, snelle maar effectieve dialoog.
- Klantgericht: de klant zal zo goed mogelijk geholpen worden; de klant staat voorop.

De eerste resultaten van de PIEK-methode zijn inmiddels zichtbaar. Zo is het aantal antwoorden per medewerker weer toegenomen en de respons van klanten op antwoorden is een stuk positiever.

Los van de invoering van de PIEK-methode (een afgeleide van de ZEKEP-methode in hoofdstuk 7) concentreert TUI zich op slechts twee kanalen: Twitter en –primair – Facebook; daar laten de meeste klanten van zich horen. Om de grote hoeveelheid berichten op tijd te kunnen verwerken kiest TUI er bovendien voor alleen webcare te bieden voor KRAS, Arke, Arkefly en Club Robinson. Ten slotte kent TUI een hogere prioriteit toe aan DM's, privéberichten en berichten waarin een van de TUI-merken genoemd wordt dan aan andere relevante berichten.

Een jaar later is TUI tevreden over het voorlopige resultaat van webcare. De interactie met klanten is sterk toegenomen en heeft volgens eigen zeggen 'een veel meer volwassen niveau dan voorheen'. Ook heeft webcare als vorm van klantcontact enthousiasme losgemaakt bij de overige werknemers. De belangrijkste les is echter dat de implementatie van webcare tijd kost en een continu proces is van leren, vallen en opstaan.

Een goede reputatie, maar klachten komen er toch

In hoofdstuk 5 stond online reputatiemanagement centraal. Met een goede reputatie hakt incidentele online kritiek er minder hard in. Je hebt enig wisselgeld. Voor het in stand houden van je goede reputatie concentreer je je op het aangaan en onderhouden van relevante online conversaties met stakeholders. Het produceren en promoten van relevante positieve content als bijdrage aan de conversatie is een van de tactieken van online reputatiemanagement.
Hoe succesvol deze strategie ook is, je moet voorbereid zijn om online klachten op te lossen. Daarom gaat het in dit hoofdstuk over webcare.

In 2006 startte UPC Nederland als eerste organisatie in Nederland met webcare. Daarmee zette het kabelbedrijf een trend, die tot op de dag van vandaag voortduurt. Dat leverde onbedoeld een karrenvracht aan positieve publiciteit en erkenning op. Inmiddels wordt webcare breed gezien als een additionele vorm van klantenservice en zijn vele grote organisaties daarmee actief, waaronder KLM, ING, Nuon, Vodafone, UWV, Belastingdienst en T-Mobile. Tegelijk zijn talloze MKB-ers en zelfstandige professionals actief op het gebied van webcare. Zij trekken echter minder aandacht, hebben geen separate afdeling voor webcare, maar reageren heel praktisch op vragen en klachten van klanten.

Hoe internationaal 'webcare' ook klinkt, de term is bedacht op het hoofdkantoor van UPC Nederland. In internationale vakliteratuur wordt meestal gesproken over 'social customer service'. Hoewel reputatieverbetering voor UPC zonder meer een aanleiding was, stond bij het kabelbedrijf vanaf het begin vast dat webcare alleen kans van slagen zou hebben als niet de reputatie maar de klant centraal zou staan. Niet voor niets werd het webcareteam ondergebracht bij de afdeling Customer Operations met de volgende aandachtsgebieden:

- het scheiden van feiten en fictie in online discussies;
- het helpen individuele klanten;
- het geven consumentenvoorlichting.

Deze prioriteiten zie je bijvoorbeeld ook terug in de manier waarop het kabelbedrijf microblog Twitter inzet. Het webcareteam is actief via de accountnaam @UPC, terwijl de interactie met stakeholders over het bedrijf, de producten, tv-content en sponsoring verloopt via het enigszins gekunstelde account @WijZijnUPC.

In dit hoofdstuk worden eerst de kenmerken geschetst van webcare. Vervolgens is het belangrijk te analyseren of webcare daadwerkelijk de oplossing is in jouw specifieke situatie. Daarbij kan een online quick scan als nulmeting noodzakelijk blijken en krijg je handvatten voor een kosten-batenanalyse. Vervolgens wordt je geconfronteerd met enkele specifieke vragen en besluiten bij de voorbereiding. Ten slotte krijg je adviezen voor de daadwerkelijke implementatie van webcare in je organisatie. En vergis je niet, ook al lijken veel tips en adviezen vooral geschreven vanuit het oogpunt van wat grote bedrijven en instellingen, ze zijn in de meeste gevallen eenvoudig te vertalen naar de context van een kleine organisatie of een zelfstandige professional met minder klachten, minder medewerkers en minder budget. De keuzes zijn hetzelfde, alleen de schaal is anders.

Wat is webcare?

Nu meer bedrijven webcare inzetten, is er enige begripsverwarring over ontstaan. De gehanteerde definities en doelstellingen verschillen van bedrijf tot bedrijf, van expert tot expert en van promovendus tot promovendus. Aan de ene kant zien we webcare als instrument voor klantenservice, tegelijk zien we organisaties waar webcare in het teken staat van reputatieverbetering en verkoopbevordering. In dit hoofdstuk staat het afhandelen van online vragen en klachten centraal:

Webcare is de structurele, real-time serviceverlening van een organisatie via sociale media aan een of meerdere specifieke doelgroepen. Met webcare antwoordt een organisatie op vragen, verstrekt ze informatie en lost ze klachten op. Dat doet de organisatie zowel reactief als op eigen initiatief. Opgedane inzichten over producten, diensten en/of serviceverlening worden intern teruggekoppeld aan relevante personen en/of afdelingen.

De verschillende aspecten in deze definitie zijn stuk voor stuk kenmerkend voor een professionele webcarefunctie zoals die zich in de afgelopen jaren in Nederland bij veel organisaties heeft ontwikkeld.

Structureel

Als organisatie kies je bewust voor de inzet van webcare als servicekanaal. Incidentele reacties of een tijdelijke inzet van webcare leidt namelijk vrij snel tot grote ontevredenheid van klanten. Ter vergelijking: het ene moment neem je de telefoon op en het volgende moment ben je volstrekt onbereikbaar. Webcare is dan ook een structurele bezigheid.

Real-time

Klanten willen online snel geholpen worden. Er lijkt maar weinig begrip te zijn voor trage bedrijven en treuzelende webcareteams. Sterker, met webcare komt de lat steeds hoger te liggen. Razendsnel reageren is inmiddels de norm voor professionele webcareteams.

Service

Bij webcare staat de serviceverlening van een organisatie aan haar klanten centraal. De reputatie van een organisatie is secundair. Maar een goede dienstverlening heeft vanzelfsprekend een positief effect op de reputatie. En goed ingespeelde webcaremedewerkers zijn effectieve ambassadeurs die klagers kunnen omtoveren in fans.

Organisaties

Het is een misverstand dat webcare alleen een geschikt servicekanaal is voor grote bedrijven. Ook kleine bedrijven met weinig medewerkers en zelfstandigen doen aan webcare. Daarnaast hebben ook publieke organisaties als gemeenten, ministeries en uitvoeringsorganisaties als de Belastingdienst, Rijkswaterstaat en het UWV webcare ontdekt.

Sociale media

Bij webcare gaat het om serviceverlening via sociale media. E-mail, chat en selfservice zijn dan ook geen vormen van webcare. Soms worden al deze vormen –inclusief webcare- echter bijeengebracht onder een noemer als eService.

Specifieke doelgroepen

Afhankelijk van de branche en de opzet van webcare richt een organisatie zich op een of meerdere doelgroepen. Denk daarbij aan business-to-business, business-to-consumer, bestaande klanten, nieuwe klanten, potentiële klanten, burgers of zelfs eigen medewerkers.

Gevraagd en ongevraagd

Inmiddels zijn veel mensen bekend met klantenservice via sociale media en worden organisaties en webcareteams rechtstreeks benaderd. Het wordt zelfs als uiterst onbeleefd ervaren als je als organisatie niet reageert op een tweet van een klant. Tegelijk kan een organisatie zich krachtig onderscheiden met ongevraagde interventies in de vorm van oplossingen, antwoorden en informatie.

Interne terugkoppeling

Als webcareteam heb je voortdurend de vinger aan de pols van de organisatie. Met alle inzichten uit online monitoring van en online conversaties met klanten weet je precies waar de schoen wringt. Daarom is het belangrijk dat het webcareteam in staat is om deze klantervaringen terug te koppelen naar relevante afdelingen.

Bezinning

Webcare is niet voor elke organisatie even relevant. Dat heeft niet zozeer met de omvang van de organisatie te maken: zelfs voor eenmanszaken kan webcare belangrijk blijken, alleen de manier waarop het georganiseerd is, is dan anders. Nee, webcare is pas echt relevant als er voldoende online berichten verschijnen over je organisatie of de branche waarin je actief bent. Zo is er een groot verschil tussen de hoeveelheid online buzz rondom een willekeurige telecomprovider en die rondom een briefpapier- en enveloppenfabrikant. Niet zo verwonderlijk, want een telecombedrijf biedt een high interest merkproduct aan bedrijven en consumenten. Daarentegen biedt de enveloppenleverancier een low interest product aan de groot- en tussenhandel voor kantoorartikelen.

Een tweede voorwaarde is dat een significant deel van deze berichten bestaat uit actuele klachten en vragen, of dat er schadelijke discussies worden gevoerd op basis van veronderstellingen en foutieve informatie, dan wel dat er daadwerkelijk behoefte is aan concrete informatie. Pas dan kun je serieus aan de slag met webcare en heeft het nieuwe kanaal toegevoegde waarde voor je bedrijf.

Voordat je webcare in je organisatie inzet, is het dan ook belangrijk een actueel en gedetailleerd beeld van de situatie te hebben. Met behulp van een online monitoringtool (zie hoofdstuk 8) of een adviesbureau voer je een quick scan uit en breng je de aard en omvang van de online buzz rondom je organisatie in kaart. Daarbij let je op de ontwikkelingen van merken, producten, dienstverlening, bestuurders en concurrenten. Meer concreet gaat het daarbij om aspecten als:

- het aantal berichten;
- de onderwerpen, thema's en issues in deze berichten;
- de brontypen en bronnen van deze berichten;
- de geografische herkomst van berichten, indien relevant;
- de relevantie van de berichten voor webcare;
- het sentiment (positief, neutraal, negatief) in de berichten.

Op basis van deze analyse kun je redelijkerwijs inschatten of de inzet van webcare daadwerkelijk zinvol is en zo ja, hoe het webcarekanaal het best kan worden vormgegeven.

Kosten en baten van webcare

Natuurlijk sta je te popelen om aan de slag te gaan met webcare en intern alle benodigde werkafspraken te maken. Voordat je van start gaat, is het raadzaam de voor- en nadelen voor de organisatie goed op een rij te zetten. Of liever gezegd: welke resultaat kun je redelijkerwijs verwachten van webcare? Wat is de return-on-investment?

De investering is betrekkelijk snel te inventariseren. Meestal is dat de som van alle kosten voor arbeid, hardware, software, training, communicatie en eventueel begeleiding. De opbrengsten zijn echter een stuk lastiger, want op welke aspecten meet je het resultaat van webcare? De volgende opbrengsten en besparingen liggen voor de hand.

Minder telefoontjes

Webcare onderscheidt zich op het punt van efficiency. Waar de meeste andere vormen van klantcontact één op één zijn, biedt webcare de mogelijkheid om met slechts één online reactie veel mensen te bereiken. In theorie: hoe meer klachten je via sociale media afhandelt, hoe minder telefoontjes je binnenkrijgt. Dat kan een fikse kostenbesparing opleveren als gevolg van minder binnenkomende telefoongesprekken. Uit eigen onderzoek in

2012 in samenwerking met Upstream en gepubliceerd onder de titel *Webcare in Nederland, een quick scan*, is gebleken dat het effect tot dusver beperkt is: 59 procent bedrijven in het onderzoek gaf aan dat het aantal vragen en klachten gelijk blijft of zelfs toeneemt.

Klanttevredenheid

Een adequate afhandeling van online vragen en klachten leidt tot een hogere klanttevredenheid. Dat geldt nog meer voor mensen die helemaal niet om een reactie hadden gevraagd, laat staan dat ze een reactie van je hadden verwacht. De positieve verrassing en het overtreffen van verwachtingen zijn dan ook belangrijke katalysatoren voor klanttevredenheid die opvallend vaak wordt uitgedrukt in een simpele parameter: de zogenaamde Net Promoter Score. Je peilt hiermee bij klanten in welke mate ze een bedrijf, een product of een dienst willen aanbevelen, bijvoorbeeld aan vrienden, collega's en familie. Het resultaat wordt berekend als het verschil tussen het percentage promotors en criticasters.

Klantretentie

In het verlengde van klanttevredenheid ligt klantretentie: hoe tevredener klanten zijn, hoe langer ze als klant kunnen worden behouden. Dit heeft direct effect op de omzet. Tegelijkertijd betekent het een besparing op de wervingskosten van nieuwe klanten.

Informatie

Webcareteams zitten boven op een berg relevante online informatie van klanten. Indien deze informatie op de juiste wijze kan worden ontsloten en in een geschikte vorm intern kan worden teruggekoppeld, kan flink worden bespaard op marktonderzoek. Zo kunnen bijvoorbeeld kwalitatieve focusgroepen overbodig blijken als vergelijkbare informatie eenvoudig uit webcarerapportages te halen is. Zie ook de case van hotelketen CitizenM in hoofdstuk 8.

Reputatie

Ten slotte voorkomt een vroegtijdige interventie via webcare dat klachten uitmonden in regelrechte pr-nachtmerries. Met name verwaarloosde klachten waarbij ook de klantenservice steken liet vallen kunnen grote gevolgen hebben voor de reputatie van een organisatie. Met een structurele inzet van webcare creëer je in een vroeg stadium een online vangnet voor deze klachten.

Daadwerkelijk de financiële opbrengst van webcare berekenen blijft echter uiterst complex en is tot dusver bij de meeste bedrijven niet gebruikelijk. Kan bijvoorbeeld de afname van het totale aantal ontvangen vragen en klachten over je product of dienst worden toegeschreven aan webcare of is dit het gevolg van doorgevoerde kwaliteitsverbeteringen? En hoe bereken je achteraf (laat staan vooraf) de contante waarde van een reputatiecrisis die niet heeft plaatsvonden? Hebben we de tijd om het effect van webcare op klantretentie en klantwaarde te berekenen of is die complexe berekening te veel gevraagd? De meeste organisaties besluiten om webcare te implementeren op basis van fingerspitzengefühl. Een financiële kosten-basisanalyse ligt hier zelden of nooit aan ten grondslag.

Hoe organiseer je webcare?

Als je van plan bent webcare in de organisatie te introduceren, moet je over een aantal aspecten knopen doorhakken:

1. Wil je webcare in huis halen of wil je de functie uitbesteden?
2. Indien 'in huis', bij wie of bij welke afdeling breng je webcare in je organisatie onder?
3. Welke kennis en ervaring heb je nodig in het webcareteam?
4. Wanneer is het webcareteam actief?
5. Hoe snel moet het team reageren op nieuwe klachten en vragen?
6. Wat is de benodigde capaciteit van het team?

Outsourcing

Er zijn legio organisaties die alle interactie via sociale media met hun achterban onder de noemer 'community management' uitbesteden aan een extern bureau. Het gebruik van externe callcenters voor klantencontact is al volop ingeburgerd, dus de vraag of webcare extern kan worden ondergebracht is gerechtvaardigd. Het lijkt echter verstandig om daar uiterst voorzichtig mee te zijn. Natuurlijk kunnen organisaties met een relatief eenvoudig product of een overzichtelijke dienstverlening met outsourcing uit de voeten. Bij andere organisaties maakt de complexiteit van producten en systemen en de aard van de klachten outsourcing echter niet ideaal. Daarbij komt nog dat klanten contact willen met de medewerkers van de organisatie zelf, niet met externe serviceclubs, en al helemaal niet in India of Ierland. Autonoom en snel handelen is bovendien cruciaal. Effectieve en efficiënte webcareteams zitten daarom vrijwel altijd in-house.

De plaats in de organisatie

Uit ons eigen onderzoek *Webcare in Nederland* blijkt dat circa twee derde van alle webcareteams is ondergebracht bij de afdeling klantenservice of publieksvoorlichting. Dat is weinig verwonderlijk en vloeit logisch voort uit de primaire doelstellingen van webcare: klanten helpen, klachten oplossen, vragen beantwoorden, informatie verstrekken. Daarnaast is het logisch vanwege de aard van de werkzaamheden, reeds bestaande procedurele afspraken en de benodigde faciliteiten, waaronder bijvoorbeeld toegang tot bestaande klantcontactsystemen en kennisbanken. Daarnaast zijn er in veel grotere organisaties communicatie- en marketingafdelingen bij betrokken, vermoedelijk op een meer strategisch niveau.

Kennis en ervaring

De precieze kennis en ervaring die het webcareteam in huis moet hebben, zijn deels afhankelijk van de aard van de klachten en vragen. Daarom is de eerder geschetste quick scan zo belangrijk. Senioriteit en zelfstandigheid om snel te kunnen reageren zijn echter belangrijke voorwaarden. Daarom zijn webcaremedewerkers bij voorkeur ervaren krachten. Gezamenlijk hebben ze uitgebreide kennis van producten, administratie, processen en klantcontactsystemen. Bovendien zijn ze thuis in de organisatie, weten ze wie ze in voorkomende gevallen voor welke informatie moeten benaderen en hebben ze enige ervaring op het gebied van sociale media. Een van de teamleden treedt meestal op als supervisor/coördinator en fungeert als meewerkend voorman en interne ambassadeur van het team.

Werktijden

Mensen zijn veeleisend en willen bij voorkeur worden geholpen op een moment dat hun uitkomt. Tegenwoordig verwachten ze op elk moment van de dag razendsnel antwoord van helpdesks, servicecenters én webcareteams. Dat zou echter een enorm beslag leggen op de capaciteit en is voor de meeste organisaties niet haalbaar. Tenzij je KLM heet, internationaal opereert en in 24 tijdzones tegelijk actief bent, is het in veel gevallen ook niet nodig. Je kunt een klant via je website of je bio op Twitter eenvoudig laten weten wat de werktijden van je webcareteam zijn. Veelvoorkomende logische varianten zijn:

- kantoortijden;
- werkdagen inclusief een deel van de avond en het weekend;
- de openingstijden van de klantenservice;
- (in enkele gevallen) 24 uur per dag, 7 dagen per week.

Soms vinden calamiteiten plaats buiten de werktijden van een webcareteam, denk bijvoorbeeld aan extreem weer, grote ongelukken of langdurige storingen. Dan treedt bij veel organisaties een escalatieprocedure in werking. Dan worden bijvoorbeeld niet alleen een directielid en een perswoordvoerder gewaarschuwd, maar ook een of meer leden van het webcareteam. Zij bewijzen hun waarde door proactief informatie te verstrekken via sociale media, speculaties en aannames met bevestigde informatie te lijf te gaan en het crisis- of calamiteitenteam een beeld te geven van alle online buzz.

Reactiesnelheid

In het verlengde van het vorige punt is de reactiesnelheid van het team een andere belangrijke factor. Opnieuw hebben mensen hooggespannen verwachtingen, mede vanwege het medium. Sociale media heten niet voor niets 'real-time media': het gaat om (online) conversaties en daar is pas echt sprake van als een eerste antwoord niet te lang uitblijft. Daarbij vallen een paar dingen op:

- *Rechtstreeks*. Mensen verwachten (sneller) antwoord als ze een organisatie rechtstreeks aanspreken, bijvoorbeeld via een tweet aan het webcareteam of op de Facebook-fanpage.

- *Twitter*. Mensen verwachten op Twitter sneller antwoord op hun klachten en vragen dan op andere sociale media als blogs en fora. Mensen eisen überhaupt steeds sneller antwoord. Kon je voorheen op Twitter binnen een uur reageren, nu is een reactie binnen een kwartier de nieuwe norm, zo blijkt uit ons onderzoek Webcare in Nederland.
- *Begrip*. Mensen verwachten snel in contact met je te komen, maar hebben er meestal begrip voor dat de daadwerkelijke oplossing tot een dag op zich laat wachten. Als een oplossing langer duurt dan verwacht, willen mensen op de hoogte worden gehouden van de voortgang.

Capaciteit

Uit ons eigen onderzoek blijkt dat bij bijna drie kwart van de Nederlandse webcareteams niet meer dan zes medewerkers zijn betrokken. Bij zo'n veertig procent zijn dat zelfs drie medewerkers of minder. Slechts bij acht procent van de webcareteams zijn er dertien werknemers of meer. Maar hoe bereken je vooraf de benodigde capaciteit van je team, ervan uitgaande dat je geen zzp'er bent en überhaupt de mogelijkheid hebt om mensen in te schakelen? Dat is eenvoudiger dan je wellicht denkt. De werkzaamheden vallen uiteen in een aantal activiteiten:

- online monitoring, inclusief beheer van de monitoringtool;
- selectie en verdeling van de klachten en vragen (de 'cases');
- het concreet afhandelen van cases.

Rekenvoorbeeld 1

Op basis van de initiële quick scan is duidelijk dat er zo'n tweeduizend berichten per maand over je organisatie verschijnen. Circa vijftien procent van de berichten omvat daadwerkelijk een concrete klacht of vraag. Per week betreft dit gemiddeld 75 cases.

Op basis van je ervaring of een test weet je dat webcaremedewerkers voor de afhandeling van een case gemiddeld twintig minuten nodig hebben. Daarmee bedraagt de benodigde capaciteit voor het afhandelen van berichten gemiddeld zo'n 25 uur per week (75 × 20/60) ofwel vijf uur per werkdag. Voor het monitoren en verdelen van cases reserveert de organisatie nog eens twee uur per werkdag. Daarmee komt het totale aantal uren per week op 35 ofwel circa 0,9 fte bij een achtendertigurige werkweek.

Daarnaast kent een webcareteam ook enkele meer coördinerende taken die tijd kosten:

- het opstellen van interne rapportages of managementinformatie;
- het intern terugkoppelen van opgedane inzichten en informatie;
- het selecteren, trainen en coachen van medewerkers;
- het aansturen van medewerkers, inclusief het inplannen capaciteit.

Deze coördinerende taken worden vaak door de supervisor uitgevoerd, die ook meewerkt en een deel van de cases voor zijn rekening neemt.

Rekenvoorbeeld 2

De capaciteit voor het afhandelen van berichten bedraagt 25 uur per week, zoals in voorbeeld 1 is berekend. Je organisatie maakt in het webcareteam gebruik van vijf parttime medewerkers die wekelijks ieder vijf uur actief zijn. Daarnaast werken ze in het reguliere callcenter.

De supervisor heeft circa tien uur per week nodig voor zijn coördinerende taken. Daarnaast zal hij berichten monitoren en verdelen. Dat neemt nog eens tien uur per week in beslag.

In totaal bedraagt de capaciteitsbehoefte daarmee 1,2 fte (25 + 10 + 10 = 45 uur per week, uitgaande van een achtendertigurige werkweek). Het webcareteam telt zes medewerkers, van wie één supervisor.

Als gevolg van keuzes die organisatie X maakt inzake openingstijden, kan het nodig zijn de capaciteitsbehoefte aan te passen.

Rekenvoorbeeld 3

Het callcenter van je organisatie is op werkdagen open van 9.00 tot 21.00 uur. Je management kiest ervoor tijdens deze openingstijden minimaal één webcaremedewerker actief te laten zijn om snel te kunnen reageren op online berichten. Deze keuze betekent een eerste capaciteitsbehoefte van 5 × 12 = 60 uur. De directie stelt een fulltime medewerker aan als meewerkende supervisor. Hij heeft 38 uur per week ter beschikking. Na aftrek van twintig uur voor monitoren, verdelen en coördineren, heeft hij nog achttien uur over (een kleine 0,5 fte). De resterende capaciteitsbehoefte is 42 uur (1,1 fte). Je organisatie selecteert hiervoor twee medewerkers met twaalf beschikbare uren en drie medewerkers met zes uren.

In totaal bedraagt de capaciteitsbehoefte 2,1 fte en opnieuw telt het team zes medewerkers.

Indien in de praktijk blijkt dat ook de reactiesnelheid van een webcareteam belangrijk is, kan de capaciteitsberekening en de inplanning van medewerkers opnieuw worden aangepast. Pieken in het telefoonverkeer bij het callcenter, bijvoorbeeld naar aanleiding van aangekondigde werkzaamheden, prijsverhogingen, factureringsrondes of pakketwijzigingen, betekenen doorgaans ook pieken in de stroom online berichten via sociale media. Als je ook in dergelijke situaties wilt vasthouden aan een snelle reactie, is het nodig om op sommige momenten tijdelijk de capaciteit te verdubbelen of te verdrievoudigen.

Hoe implementeer je webcare?

Na de voorgaande, meer strategische keuzes ben je bijna klaar om aan de slag te gaan met webcare, of met een webcareteam binnen een grotere organisatie. Daarbij is het belangrijk dat de daadwerkelijke implementatie vlekkeloos verloopt en je in de gelegenheid bent om een vliegende start te maken – of, afhankelijk van de situatie, juist een voorzichtige start. In dit laatste deel van het hoofdstuk vind je de (rand)voorwaarden voor een succesvolle implementatie, toegespitst op het organiseren van webcare binnen een team. Uiteraard gelden veel adviezen onverminderd als je in je eentje of met een beperkt aantal collega's verantwoordelijk bent voor webcare.

Mandaat en intern draagvlak

Vanwege de aard van het werk en het afbreukrisico voor organisaties is intern draagvlak voor webcare cruciaal. Medewerkers moeten razendsnel oplossingen kunnen bieden. Steun van managers, relevante afdelingen en collega's is daarvoor onontbeerlijk. Dat vraagt om een krachtig intern mandaat op directieniveau en zorgvuldige interne communicatie. Afhankelijk van de vraag of klacht die het team oppakt, kan op elk moment een beroep worden gedaan op een willekeurige collega. Alle collega's kunnen bovendien extern worden aangesproken op de activiteiten van het team. Een prettig effect van een breed intern draagvlak is ten slotte ook dat collega's zich minder geroepen voelen om zelf uit de losse pols te reageren op online discussies als ze weten dat het webcareteam dit voortaan doet.

Single Points Of Contact (SPOC's)

Een webcareteam is weliswaar in meer of mindere mate autonoom, maar kan niet opereren zonder een vast netwerk van interne contacten. Vanwege de aard van de werkzaamheden en de verwachte snelle oplossing zal het team regelmatig een beroep doen op relevante SPOC's binnen de organisatie. Denk daarbij aan collega's op afdelingen als persvoorlichting, marketing, sales, legal en operations. Zij zijn een verlengstuk van het team en hebben de bevoegdheid om knopen door te hakken. Het is essentieel dat de SPOC's de doelstellingen van het team onderschrijven en graag meewerken vanuit hun eigen invalshoek.

Workflow

Binnen een webcareteam zijn werkafspraken nodig. Zelfs binnen een team dat uit slechts enkele personen bestaat, is duidelijkheid nodig over taakverdeling, procedures en processen. Welke berichten hebben meer prioriteit dan andere? Welke medewerker pakt welke berichten op? Wat is de volgorde van de werkzaamheden? Wat is de functie van een eventuele webcaretool op dit punt? Kunnen teamleden elkaar berichten forwarden om af te handelen? Waar worden berichten en antwoorden opgeslagen? Op welke wijze draagt een medewerker zijn openstaande cases over aan het einde van zijn dienst? En mogen er dan eigenlijk nog wel openstaande cases zijn? Hoe worden binnengekomen berichten geregistreerd? En de antwoorden? Wie houdt in de gaten dat cases niet te lang openstaan?

Training en opleiding

Als een organisatie met webcare start, moet het webcareteam uitgebreid worden gebriefd over de opdracht, de gemaakte keuzes en het mandaat. Even belangrijk is dat het team oefent met de geselecteerde online monitoring- en webcaresoftware. Ook een inhoudelijke training over alle mogelijke reacties op individuele klachten en vragen mag niet ontbreken. Afhankelijk van de kennis en ervaring van de medewerkers is het verstandig om gedurende een korte periode, bijvoorbeeld een maand, met de gemaakte werkafspraken, de software en de gevonden berichten te oefenen. Tijdens deze periode selecteert en bespreekt het team cases en bespreken medewerkers gezamenlijk hun conceptreacties. Pas na deze proefperiode zal het team daadwerkelijk op berichten reageren.

Rapportages

Afhankelijk van de interne afspraken moet het webcareteam op regelmatige basis over de werkzaamheden rapporteren. Zo kan een supervisor wekelijks of maandelijks een korte rapportage sturen naar bijvoorbeeld de directeur Customer Care of het managementteam. Deze rapportage omvat het aantal en de aard van de cases in de betreffende periode, alsmede op hoofdlijnen de aard en het resultaat van de reacties van de organisatie. Daarnaast zijn uitgebreidere (trend)analyses nodig. Stijgt het aantal berichten voor webcare? Wat is het 'marktaandeel' van webcare binnen het totale aantal klachten en vragen? Verandert de aard van de cases? Wat is de gemiddelde afhandeltijd van een case?

Evaluatie

Ten slotte is het belangrijk om minimaal één keer per jaar min of meer formeel de balans op te maken. Hieruit moet blijken wat de toegevoegde waarde van webcare voor de organisatie is en op welke wijze de webcarefunctie zich kan ontwikkelen. Daarbij kun je een korte interne en externe audit (laten) doen bestaande uit drie onderdelen:

- nadere analyse van de rapportages;

- interviews met medewerkers, supervisor, SPOC's en management;
- een korte online survey onder klanten, inclusief Net Promoter Score.

Samenvatting

Vanaf 2006 zijn organisaties in Nederland actief op het gebied van webcare. Het grote publiek is inmiddels gewend dat organisaties op sociale media meekijken en regelmatig reageren. De aanvankelijk wat afwerende houding (*big brother is watching us*) van het publiek heeft plaatsgemaakt voor een uitnodigende, soms zelfs uitdagende houding. Daarbij vraagt het publiek zelfs om reacties van organisaties. Deze 'druk' zal enige zelfbeheersing vragen van iedere webcaremedewerker of ondernemer. Hierover meer in het volgende hoofdstuk.

Vanwege de aard van internet (informatie blijft in principe op internet staan en is eenvoudig vindbaar met een zoekmachine) is het essentieel alleen te reageren als er geen twijfel is over informatie of bevindingen. Daarom gebruik je zo veel mogelijk bestaande procedures en zijn er Single Points Of Contact (SPOC's) ingebouwd om snel informatie te krijgen.

Een webcareteam wekt verwachtingen. Online discussies zijn echter grillig. Het grote publiek is wars van commerciële boodschappen, loze interventies en nodeloos langzame reacties. In dergelijke gevallen bestaat het risico dat een team niet wordt geaccepteerd of dat er wordt getwijfeld aan de 'echtheid' van de afzender. De ervaring leert echter dat teams die zich primair richten op klantenservice (voorlichting, oplossen problemen, et cetera) en dat inzichtelijk maken, snel een positie verwerven in de online community.

Wanneer webcare een succes wordt, bestaat de kans dat steeds meer klanten de weg naar een organisatie weten te vinden via sociale media. Dat kan ten koste gaan van andere 'snelle' kanalen zoals telefoon en e-mail. Vanwege de efficiency van het webcarekanaal kan dat zelfs een aantrekkelijk scenario zijn, waarop een organisatie bewust wil aansturen. Die kanaalsturing dient in dat geval goed te worden voorbereid. Het risico van ongeplande kanaalsturing is echter verwaarloosbaar klein. Er zijn tot dusver geen organisaties bekend die zijn overvallen door een plotselinge verschuiving van bijvoorbeeld e-mail naar webcare.

HOOFDSTUK 7 REAGEREN IN DE PRAKTIJK: EEN STAPPENPLAN

@doriendeboef Wat wil je nou? De juf uithangen of geholpen worden?

Met deze opvallende tweet van een medewerker van het webcareteam van Sanoma Media verandert begin oktober 2012 een tot dan toe troosteloze zaterdag in een levendige online discussie op Twitter tussen communicatie-, socialemedia- en webcareexperts.

De emotievolle tweet van Sanoma is uniek vanwege de stevige toon die de medewerker hanteert. Dat heeft het mediabedrijf geweten. Tegelijkertijd krijgt ook 'leidend voorwerp' Dorien de Boef, hoofd van een servicedesk bij een bank, er vol van langs in de discussie. In krap twee dagen tijd verschijnen er ruim negenhonderd online berichten, waarvan het merendeel via Twitter. Circa 35 procent van de berichten heeft een negatief sentiment, een kwart kent een positieve lading. Wat ging nu precies aan deze tweet vooraf? Hoe hebben Sanoma en De Boef vervolgens gehandeld? En wat is de belangrijke les die we kunnen leren?

Sanoma Media is een van de grootste mediabedrijven van Nederland. Het bedrijf is actief als uitgever van publiekstijdschriften als *Panorama*, *Libelle*, *Margriet*, *Donald Duck* en *Playboy*. Daarnaast bestaat het brede portfolio van Sanoma uit digitale titels als Kieskeurig.nl, Nu.nl, Vrouwonline.nl, Schoolbank.nl en Startpagina.nl, die beschikbaar zijn op websites, mobiele sites, mobiele apps en iPad-apps. Samen met Talpa is Sanoma bovendien eigenaar van SBS Nederland. Bij het mediabedrijf werken in totaal bijna zestienhonderd medewerkers, van wie er in elk geval één op zaterdagochtend dienst heeft.

De case begint bijna vierentwintig uur eerder als veel-twitteraar De Boef op vrijdag 5 oktober 2012 rond het middaguur enige frustratie van zich af twittert:

Boy. @Sanomamedianl is een glanzend voorbeeld van hoe het niet moet. #klantenservice

Sanoma reageert niet. Enkele uren later, aan het einde van de werkdag en -week, volgt een @reply van De Boef op een tweet van ene @de_ruijs, waaruit blijkt dat ze daadwerkelijk een reactie had verwacht van Sanoma:

@de_ruijs Gewoon ook niet reageren hoor, @sanomamedianl doet niet aan webcare I guess. Een soort @upc onder de tijdschriften #zult

Om kwart voor zes blijkt uit een nonchalante reply van Sanoma dat het bedrijf wel degelijk sociale media in de gaten houdt, ook buiten kantoortijden:

@doriendeboef @de_ruijs @upc Hebben we iets gemist? Wat is je vraag of klacht? En beste kun je die mailen naar sanna@sanomamedia.nl. Succes!

Een paar zaken vallen in deze eerste tweet van Sanoma op. Ten eerste: de reactie komt relatief laat. Ten tweede: de betreffende medewerker replyt onnodig naar @upc en @de_ruijs, terwijl alleen @doriendeboef een klacht heeft. Ten derde verwijst de tweet door naar een e-mailadres waar klaarblijkelijk alle vragen of klachten heen mogen.

De Boef reageert zaterdagochtend dat ze al heeft gebeld, maar ontevreden is over de afhandeling. Mailen vindt ze 'nog meer een zwart gat'. Sanoma reageert begripvol en vraagt naar de aard van het probleem. Dat blijkt een welkomstgeschenk te zijn dat klaarblijkelijk op is, waarna Sanoma toezegt het te zullen uitzoeken. De Boef vraagt zich op haar beurt af of dat wel goed komt:

@SanomaMediaNL Heel aardig, maar met alle respect: hoe heb je nu in hemelsnaam voldoende gegevens om het uit te zoeken en me te helpen?

Dat is een begrijpelijke reactie van De Boef: bij veel organisaties vraagt men via een direct message je postcode en huisnummer om je gegevens en eerdere contacten snel op te vragen in het klantcontactsysteem. Sanoma vraagt deze gegevens niet, want:

@doriendeboef Als je al veel contact hebt gehad moet e.e.a. te traceren zijn, zoniet twittert Sanna je

Dan ontstaat er kort een soort welles-nietesdiscussie, waarop de beruchte tweet van een zwaar geïrriteerde Sanoma-medewerker enigszins uit de lucht komt vallen:

@SanomaMediaNL Dat ik veel contact heb gehad, is een aanname.

@doriendeboef Je hebt veel gebeld en mailen is helemaal een zwart gat, zei je.

@SanomaMediaNL Goed lezen: 'ik heb al gebeld'.

@doriendeboef Wat wil je nou? De juf uithangen of geholpen worden?

De tweet verspreidt zich online als een lopend vuurtje en veroorzaakt grote hilariteit, niet alleen onder opinieleiders op het gebied van webcare, sociale media en klantenservice, maar ook bij journalisten. In korte tijd wordt het bericht meer dan honderdtachtig keer geretweet en ruim zeventig keer als 'favoriete' aangemerkt. Ondertussen ontstaat een online discussie die enkele dagen aanhoudt. De kern van deze discussie is tot hoe ver je als organisatie het soms onredelijke of onfatsoenlijke gedrag van klanten moet accepteren en in hoeverre er in dit geval sprake was van een dergelijk gedrag. Een deel van de online community vindt dat Sanoma weinig klantvriendelijk heeft gereageerd op De Boef en haar reputatie geen dienst heeft bewezen. Een ander deel heeft begrip voor het mediabedrijf en meent dat De Boef deze reactie over zichzelf heeft afgeroepen met een 'zuigende toon'. Klantvriendelijkheid kent grenzen, zo is de strekking. Op verschillende blogs verschijnen posts over het incident, waarna Dorien de Boef zich genoodzaakt voelt om ook haar kant van het verhaal te vertellen op een blog.

Na een weekend vol online buzz laat Sanoma op maandag na een telefoongesprek met Dorien de Boef via Twitter bezwerend weten:

Voor wie de discussie heeft gevolgd dit weekend: alles is opgelost. Excuses voor de toon vd conversatie. Het was een leerzaam incident.

Sanoma had dit hele incident kunnen voorkomen. Het mediabedrijf had veel sneller moeten reageren dan vrijdag aan het eind van de middag en, binnen het klaarblijkelijk bestaande proces, met een enkele begripvolle maar ondubbelzinnige tweet kunnen volstaan, bijvoorbeeld:

@doriendeboef Wat vervelend. We helpen je alsnog graag. Mail svp je vraag rechtstreeks naar sanna@sanomedia.nl.

In plaats daarvan replyt een duidelijk onervaren medewerker pas uren later, niet alleen naar De Boef maar ook naar twee andere partijen die met de initiële klacht niets van doen hebben. Bovendien nam @upc überhaupt niet deel aan de discussie; het kabelbedrijf figureerde slechts in een tweet van De Boef. Vervolgens vergeet Sanoma naar verdere details en klantgegevens te vragen. Dat is niet alleen een inefficiënte manier van werken, ook lijkt de toezegging om het uit te zoeken zo een loze belofte.

Het is dan ook niet verwonderlijk dat een ervaren professional als De Boef vraagtekens plaatst bij deze werkwijze. Als het bedrijf vervolgens ook nog in discussie gaat met de klant, lopen de gemoederen binnen enkele tweets op en schiet de Sanoma-medewerker uit zijn slof. Dit mag simpelweg niet gebeuren en zeker niet over zoiets onbenulligs als het achterhalen van klantgegevens. Sanoma had op dit punt kunnen tweeten:

@doriendeboef Je hebt helemaal gelijk. DM svp je klantgegevens, dan laat ik het zsm uitzoeken.

Met een dergelijke reply zou Sanoma De Boef, die steeds geïrriteerder raakt, geven wat ze wil, namelijk gehoord worden. Daarmee had de medewerker waarschijnlijk direct de angel uit de discussie getrokken, en had Sanoma alle details gekregen om snel te kunnen handelen.

Reageren in de praktijk

Na de voorgaande, meer strategische en tactische hoofdstukken over online reputatiemanagement en webcare is dit hoofdstuk vooral heel praktisch van aard. Het gaat over de verschillende manieren waarop je daadwerkelijk kunt reageren qua inhoud, toon en vorm. De eerste vraag is even basaal als wezenlijk, want moet je wel altijd reageren? Zo niet, concentreer je dan alleen op berichten in het verlengde van je doelstelling en de taken die je eerder hebt vastgesteld. Het betreft dan bijvoorbeeld concrete product- en dienstgerelateerde vragen en problemen rechtstreeks gericht aan je organisatie:

Beste ING, ik heb een vraagje gisteren heeft iemand geld over gemaakt van een belgische ingrekening naar mijn nederlands ing rekening hoe lang duurt dat voordat dat erop staat?? en hoe lang duurt het als iemand in het weekend via andere bank zoals rabobank met spoed overmaakt naar mijn ing rekening? kom dat allemaal vandaag nog? of zou ik moeten wachten tot morgen??
Bron: Facebook.com

Of het betreft actuele product- en dienstgerelateerde problemen en vragen van (potentiële) klanten die niet specifiek aan jou gericht zijn:

Fijn he die ing bank krijg ik een tijdje geleden een brief dat we naar een ing bali moesten voor de hantekeningen te zetten voor de administratie en controle gaan we er naar toe zegt ze ik hoef alleen van u niet van uw vrouw oke nu wil ze zondag iets halen bij ah is de rekening geblokkeerd bel ik net zeggen ze ja klopt van u is het in orde maar we hebben geen handtekening van uw vrouw moet als nog gebeuren. Als ik vandaag ga en hun hebben het binnen kan het

10 dagen duren voor dat de blokkade er af gaat zegt ze. Het is om kwaad te worden grrrrrrrr
Bron: Facebook.com

Ivm een tijdelijk 30euro tekort op de rekening een BKR registratie krijgen zonder schriftelijke waarschuweing van de tekortstand? Het kan bij ING! Bij schriftelijke navraag van de tekortstand en rekeningnummer om naartoe te boeken, geen reactie! (omdat ik in de veronderstelling was dat de rekening al opgeheven was, had de bankpas niet eens meer). Dan maar een BKR registratie erin zetten. Zeer oplossingsgericht en klantvriendelijk! Vervolgens kan de afdeling Incasso niet normaal mensen telefonisch te woord staan. Dit begint gelijk al met 'nu moet JE eens goed luisteren' en gooien daarna vrolijk de HAAK EROP! Schriftelijk 3 maal en aangetekend bezwaar ingediend tegen de voorgevallen situatie. WEDEROM GEEN REACTIE. Nu een herhaalklacht ingediend. Waarschijnlijk wordt dit een gerechtelijke procedure. Kijken of ING bank dan reageert! Ps. Ook zeer doeltreffend om klanten een BKR registratie te geven voor een paar 10-tjes en zulk onbeschoft gedrag te vertonen aan de telefoon ipv een oplossing te zoeken. Nooit meer ING dus.
Bron: Klacht.nl

Ook kunnen (potentiële) klanten iets beweren of onderling discussiëren over de producten en diensten van de organisatie op basis van verkeerde informatie en/of foutieve veronderstellingen:

Ik pinde altijd bij de Bank of China tot oktober 2012. Van de één op andere dag had ik het zelfde probleem niet kunnen pinnen en het

niet werken van de creditcard in Hotels. ING geeft aan dat de oorzaak in China ligt i.v.m. veroudere apparatuur in China. (lijkt mij sterk), ik heb geen nieuwe pinpas ontvangen maar ik kan nu wel zonder problemen pinnen bij de China Constructie Bank. Ik heb wel een nieuwe creditcard ontvangen, die ga ik volgende maand testen (ik ben benieuwd)? Na deze ervaring zorg ik nu wel altijd dat ik voldoende contant geld bij mij heb zodat ik het een paar dagen kan uit zingen als dit probleem zich weer voordoet. Het duurt minimaal 6 dagen voor dat je van ING een antwoord bericht hebt als je in China zit. En dat is dan wel erg lastig als je zonder voldoende geld zit.
Bron: forum GeleDraak.nl

Het is verstandig om voorzichtig om te gaan met gemopper: het kan ook vage, niet-gespecificeerde klachten of beweringen van klanten betreffen, veelal gebaseerd op ervaringen in het verleden en/of al lang opgelost:

Er is altijd wel wat met ING ben die pauper bank helemaal zat. Eerst overheidsteun krijgen, omdat ze bijna failliet gingen. En nu de ene storing na de ander
Bron: forum InsideGamer.nl

Ook laat je je als webcareteam niet uit de tent lokken:

He! De flut bank van Nederland verlaagt de spaarrente alweer: nu nog maar 1,6% bij #ING. Vier jaar terug nog 2,4%. #waardeloos #vindikoranje
Bron: Twitter

De ING heeft gelukkig een ervaren webcareteam dat de klappen van de zweep kent. Tegelijk kan het team niet toveren. Dat bleek begin april 2013 tijdens een grote storing in het online betaalverkeer. De bank kreeg toen een enorme lading kritiek op de communicatie naar klanten die plotsklaps rood stonden en niet meer konden pinnen of geld overboeken. Het feit dat het webcareteam zonder uitleg korte tijd 'uit de lucht' was om intern kernboodschappen af te stemmen, kon op weinig waardering rekenen.

Stappenplan interventies

Als je gaat reageren, kun je het stappenplan hierna volgen voor een professionele en effectieve interventie. Daarnaast is het belangrijk om *rules of engagement* te hebben, waarmee voor iedere betrokken medewerker duidelijk is wat wel en wat niet kan. Ten slotte volgen in dit hoofdstuk enkele concrete do's & don'ts om veelvoorkomende valkuilen te vermijden en kansen te benutten.

Stap 1: begin met een nadere analyse

Voordat je een reactie op een bericht formuleert, is het belangrijk een nadere analyse te maken volgens de SAP-formule:

- Specifiek: wat is nu precies het actuele probleem?
- Afzender: wie heeft dit probleem?
- Prioriteit: hoe belangrijk is dit probleem voor de klant en voor jou?

Kun je uit het gevonden online bericht of eventuele vorige berichten van dezelfde afzender opmaken wat zijn precieze klacht of vraag is? Wat is er misgegaan? Welke producten of diensten betreft het? Welke oplossing of informatie heeft de afzender nodig om weer helemaal tevreden te zijn? Hoe boos is de afzender? Soms is het glashelder, soms zit het probleem verstopt in een overmaat aan woorden, soms is er taalkundig geen touw aan het bericht vast te knopen. Hoe meer informatie je hebt, hoe toepasselijker je eerste reactie kan zijn.

Beste Digitalejurist,

Ik heb geen inzicht in de case, maar zoals u het beschrijft is het natuurlijk geen gang van zaken, excuses daarvoor! Ik wil graag alles in het werk stellen dit zo snel mogelijk recht te zetten. Hiervoor heb ik het volgende nodig in een privébericht: naam contractant, naam contactpersoon, postcode/huisnummer, bereikbaarheidsnummer, om welke dienst(en) gaat het?
Als u dit naar mij kunt sturen, inclusief een korte toelichting van het exacte probleem, zorg ik ervoor dat ons zakelijke oplosteam er direct mee aan de slag gaat.

Met vriendelijke groet, Jeroen
Bron: forum.kpn.com

Vervolgens is het van groot belang om vast te stellen wie de afzender van het probleem is. Wat is zijn naam? Waar komt hij vandaan? Betreft het een potentiële klant, een bestaande klant of een bijzondere stakeholder, bijvoorbeeld een journalist, een gemeenteraadslid, een hoge ambtenaar, een online opinieleider of een bekende Nederlandse cabaretier? Kun je contactgegevens als een e-mailadres of telefoonnummer van hem achterhalen? Lees hiervoor de bio van de afzender op Twitter, en zoek de afzender op sociale netwerken als LinkedIn en Facebook. Mogelijk is hij ook te traceren in je klantcontactsysteem.

Als er sprake blijkt van een ongewone stakeholder, dan kan het belangrijk zijn je reactie af te stemmen met bijvoorbeeld een afdeling communicatie, public affairs, legal of wellicht zelfs de directie. Veel bedrijven zeggen dat niemand een speciale behandeling krijgt bij de online afhandeling van vragen. Natuurlijk proberen webcareteams iedereen van dienst te zijn, maar vanwege het afbreukrisico krijgen ongewone stakeholders meestal net iets meer aandacht. Zo verstuurde voormalig wereldkampioen allround schaatsen Rintje Ritsma (25.000 followers) in de zomer van 2011 de volgende tweet over schaatssponsor KPN:

Ik bel net met de KPN over een invordering terwijl ik geen KPN mobiel nr heb. Gaat om bijna 1500 euro.

Reken maar dat er bij KPN bellen gingen rinkelen, waarna nog geen halfuur later de volgende tweet van de oud-schaatser verscheen:

KPN webcare heeft het opgepakt. Das dan wel weer snel;-) nu nog een oplossing

Als de aard van de klacht en de afzender duidelijk zijn, kun je een gerichte inschatting maken van de prioriteit die een case zou moeten krijgen.

Stap 2: het formuleren van de beoogde reactie

Na de SAP-analyse bepaal je de aard van je beoogde reactie. Afhankelijk van de informatie die reeds bekend is, kan een reactie gericht zijn op:

- contact leggen;
- het opvragen van (klant)gegevens;
- het geven van een korte toelichting;
- het verwijzen naar relevante online informatie;
- het beantwoorden van individuele vragen;
- het oplossen van individuele klachten;
- het intern analyseren en bespreken van eventuele zware klachten, fraude en bedreigingen;
- combinaties van deze mogelijkheden.

Vaak zal het in een eerste reactie nodig zijn om contact te leggen en nadere informatie op te vragen voordat je daadwerkelijk iets kunt betekenen. Dat kan bijvoorbeeld op de volgende manier:

Wat vervelend. Ik wil je graag helpen. Kun je een DM sturen met de juiste gegevens? ^Dennis
Bron: @AEGON_NL

Een dergelijke eerste (model)reactie valt uiteen in vier verschillende onderdelen. Allereerst toon je je gevoelig voor de online kritiek ('wat vervelend') en stem je af op de golflengte en emotie van de afzender. In deze fase is het nog iets te vroeg om excuses te maken, tenzij nu al overduidelijk is dat je organisatie iets niet goed heeft gedaan. Vervolgens maak je de intentie van je reactie op een persoonlijke manier duidelijk: je wilt helpen. Daarmee claim je feitelijk het probleem. Jij wordt impliciet eigenaar van dit issue. Je bent er verantwoordelijk voor en kunt erop worden aangesproken. Vervolgens wijs je de afzender de weg naar een oplossing. In dit geval door te vragen om een DM met de juiste gegevens. Ten slotte maak je je reactie nog persoonlijker met een ondertekening, waarover verderop meer.

Stap 3: het kiezen van een kanaal

Voordat je een reactie opstelt, is het belangrijk om te weten via welk kanaal je reageert. Qua lengte maakt het nogal wat uit of je replyt op een tweet (maximaal 140 tekens) of dat je reageert in een forum. Ook de toon van je reactie pas je aan; je kunt je immers meer vrijheden veroorloven op het forum van Partyflock.nl dan op het forum van de Parkinson-patiëntenvereniging. Nu is het inherent aan sociale media dat mensen zelf een sociaal netwerk, een blog, een forum of een nieuws-, beoordelings- of vergelijkingssite kiezen om hun verwarring of onvrede te uiten. Een voorbeeld van een discussie op Klachtenkompas.nl:

Geachte NS,

Ik probeer een klacht in te dienen bij u. U heeft echter geen e-mailadres waar ik mijn klacht kan indienen, maar alleen een virtueel 'persoon'. Zij maakt het echter volstrekt onmogelijk om een klacht in te dienen omdat je in een vicieuze cirkel terecht komt. Ik wil namelijk een e-mail adres van u waar ik mijn klacht naar toe kan sturen. U eist mijn e-mailadres en alle persoonsgegevens. Dit is niet noodzakelijk en wil ik daarom niet afgeven. Hierdoor wordt het onmogelijk om een klacht in te dienen.

Bij een telefonisch verzoek om een e-mail adres word ik terugverwezen naar EVA. Mij rest nog slechts het indienen van een klacht per post. Maar eerlijk gezegd vind ik u geen papier, envelop en postzegel waard.

Ik voel mij niet serieus genomen. Bovendien vind ik het schandelijk dat u het indienen van een klacht zo ontzettend moeilijk maakt. Ik begrijp het. Als je geen klachten in kunt dienen, zijn er ook geen problemen.

Hoogachtend,
Mevrouw XYZ

De reactie van NS Klantenservice:

Beste mevrouw XYZ,
Het spijt mij dat u het gebruik van onze site als vervelend ervaart. Wij vragen bewust om persoonsgegevens omdat wij u met deze gegevens over het algemeen beter van dienst kunnen zijn. Het is niet zo dat wij ingevulde gegevens controleren op correctheid. Misschien dat u ons daarom alsnog via onze site zou willen benaderen.

Omdat ik de inhoud van uw oorspronkelijke klacht niet ken kan ik hier niet inhoudelijk op ingaan.
Ik ga ervan uit u hiermee zo goed mogelijk te hebben geïnformeerd.

In dit voorbeeld ontstaat een discussie over het indienen van een klacht. De klant wil een e-mail sturen, maar wordt door de NS gedwongen haar klacht te beschrijven bij een virtuele persoon op de website. De klant weigert dit en komt in een vicieuze cirkel: de klantenservice biedt geen enkel alternatief, ook niet op Klachtenkompas.nl. Daarmee schiet de NS zich in de voet. De klant had blijkbaar al een klacht, maar is nu ook nog eens ontevreden over de afhandeling van die klacht. Of liever, het gebrek daaraan.

Het getuigt van inzicht in de werking van sociale media als je via hetzelfde kanaal reageert. Continu, of zelfs volautomatisch, verwijzen naar een ander kanaal -in dit geval de website van de NS- is voor klanten zeer onbevredigend. Als klanten je op een andere wijze hadden willen benaderen, hadden ze dat wel gedaan. En in veel gevallen zullen ze dat al hebben gedaan. Alleen, je hebt het probleem klaarblijkelijk niet naar tevredenheid verholpen of je klachtenproces wordt niet geaccepteerd. Zorg daarom dat je klanten rechtstreeks van dienst kunt zijn via de sociale media die zij zelf kiezen. Anders versterk je het gevoel dat je hen van het kastje naar de muur stuurt.

Toch kunnen zich uitzonderingen op de regel voordoen, bijvoorbeeld als er sprake is van een bijzondere stakeholder (zie ook de afwegingen in stap 1), waarbij je uit discretie of voorzichtigheid liever even belt of e-mailt. Ook als je verwacht dat de afhandeling van de vraag of klacht complex is, kan bellen of e-mailen een oplossing zijn. Ten slotte wil je wellicht liever niet dat een bepaalde reactie online komt te staan. Sommige informatie wil je simpelweg niet in brede kring delen; een oplossing – denk bijvoorbeeld aan restitutie – zou wel eens een precedent kunnen creëren. Daarom ben je geneigd om deze individuele klacht of vraag via telefoon of e-mail af te handelen. Dit zijn op zich allemaal valide argumenten om via een ander kanaal te communiceren, maar in deze gevallen is het zaak de vraag of klacht alsnog publiekelijk af te sluiten (zie ook stap 8). Wees je er bovendien van bewust dat informatie altijd nog online kan worden geplaatst.

Stap 4: het bepalen van de doelgroep

Als je een antwoord formuleert op een klacht of vraag van een klant, is het verstandig om te bedenken of het antwoord voor een bredere doelgroep interessant is. Dat vraagt om een andere formulering, zodat die brede doelgroep het begrijpt, bijvoorbeeld door het onderwerp of zelfs de vraag in eerste instantie even te herhalen. Een voorbeeld van de Belastingdienst die jaarlijks aangiftetips geeft via Twitter:

@flowermountain2 Bemiddelingskosten tbv een lijfrentespaarrekening geef je op in box 1 bij uitgaven voor lijfrente. ^AA

Als er sprake is van een individueel of specifiek probleem, kan er korter worden geformuleerd, de klant weet immers waarover het gaat. Toch kan daar niet automatisch van uit worden gegaan. Daarom heeft een 'rond' antwoord meestal de voorkeur: een antwoord waarin ook nog even het onderwerp wordt benoemd, zodat iedereen weet waar het over gaat.

Zelfs op Twitter is dit mogelijk, hoewel creativiteit is vereist. Zo kan het zinvol zijn om tweets die alleen relevant zijn voor mensen in een specifieke stad het kengetal of de hashtag #[kengetal] mee te geven. Klanten weten dit als geen ander:

Lekker internetsignaaltje in 020 @ xs4all. Werkt heel fijn zo. Klootzakken.

Dit werkt twee kanten op. Followers in andere steden weten dat die tweet voor hen minder relevant is. Daarnaast zijn er mensen op Twitter die specifiek op hun kengetal monitoren om te volgen wat er in hun omgeving allemaal gebeurt.

Een klacht zo snel mogelijk één op één verder behandelen is opnieuw erg verleidelijk. Toch moet worden opgepast met het uitwisselen van Personal Messages of Direct Messages met klanten. De online klacht blijft immers nog steeds op de oorspronkelijke plaats (Twitter, forum, blog) staan en is zichtbaar niet afgehandeld. Misschien nog wel belangrijker is de signaalfunctie: een bedrijf dat open en bloot zijn klanten met vragen en klachten helpt, heeft klaarblijkelijk niets te verbergen en maakt een moderne, transparante indruk. Daarom is het verstandig om DM'en zo veel mogelijk te beperken tot de uitwisseling van privacygevoelige informatie als klant- en contactgegevens.

Stap 5: het opstellen van een reactie

Ongeacht de aard van de vraag of klacht en de inhoudelijke reactie van een organisatie is het belangrijk om qua vorm en toon correct en consistent te reageren. Daarbij kunnen standaardteksten, zinnen en tweets je helpen. Deze kun je rechtstreeks knippen en plakken uit een reeds voorbereide lijst met veelvoorkomende vragen en antwoorden. Dergelijke standaardteksten kunnen een onervaren team veel tijd schelen. Bij veelvoorkomende klantvragen op een sociaal netwerk als Twitter of Facebook wordt overigens snel duidelijk dat je standaardantwoorden gebruikt. Dat kan voor mensen toch wat onpersoonlijk voelen. Het is daarom verstandig om enige variatie in de formulering van het antwoord aan te brengen.

Daarnaast is het raadzaam de woordkeuze in je reactie af te stemmen op het kennisniveau van de klant. Zo weten mensen met weinig ervaring op Twitter niet altijd wat bijvoorbeeld een DM is. Voor de professionele uitstraling van de reacties is het ten slotte belangrijk dat ze zijn opgesteld in correct Nederlands. Ook is het raadzaam dat alle medewerkers dezelfde schrijfwijze hanteren voor bepaalde begrippen. Bij voorkeur sluit deze schrijfwijze aan bij een reeds bestaande schrijfwijzer in de organisatie.

Stap 6: toets of je reactie goed is

Als toets of een reactie goed genoeg is om te plaatsen, kun je een effectief ezelsbruggetje gebruiken dat ik sinds 2010 bij de webcareteams van verschillende klanten heb geïntroduceerd.

Volgens de ZEKEP-formule moet elke reactie voldoen aan de volgende criteria:

- *Zakelijk*: houd altijd het doel van je reactie voor ogen, namelijk klanten helpen; vermijd discussies, zeker over andere (gevoelige) onderwerpen.
- *Empathisch*: wees begripvol, maar ga niet mee in de soms zeer heftige emoties van een klant; bied je welgemeende excuses aan als dat op zijn plaats is.
- *Kort*: houd een reactie zo kort mogelijk, zonder dat de duidelijkheid en de klantvriendelijkheid in het geding komen; win indien nodig (Twitter!) ruimte met een URL-shortener.
- *Effectief*: bied daadwerkelijk een oplossing of antwoord, verwijs eventueel naar relevante pagina's op de website, maar nooit (onnodig) naar een telefoonnummer of e-mailadres.
- *Persoonlijk*: wees menselijk, tutoyeren is gebruikelijk op sociale media; wees discreet over privacygevoelige informatie; onderteken je reactie.

Stap 7: ondertekening

Webcare gaat over persoonlijk contact tussen een organisatie en haar belangrijkste stakeholders, zoals klanten of burgers. Daarom is het belangrijk dat je met open vizier opereert: als organisatie, zelfstandig ondernemer, webcareteam en teamlid moet je herkenbaar zijn. Individuele medewerkers staan hier soms afwijzend tegenover. Ze zijn bang voor hun privacy als ze online vindbaar zijn met voor- en achternaam als webcaremedewerker. Dit hoor je met name in grote, wat bureaucratische organisaties met veel klanten en veel klachten.

Toch verdient het de voorkeur reacties te ondertekenen met een volledige voor- en achternaam. Op een forum of in een comment onder een blog is dit qua lengte geen enkel probleem. Op Twitter kost dit echter onevenredig veel tekens, terwijl er maar 140 per bericht beschikbaar zijn. Daarom kun je een zogenaamde cotag gebruiken. Die bestaat uit ^ en twee initialen (in mijn geval ^RA) en is een veelgebruikte manier om een persoonlijke noot toe te voegen aan een bericht via het account van je organisatie.

Ondertekenen met alleen de voornaam zou een compromis kunnen zijn voor het privacyprobleem. Deze oplossing is echter niet ideaal en met cotag kost dat alweer meer tekens: ^Ronald. Het is gebruikelijk om de medewerkers van een webcareteam met hun cotags voor te stellen op de speciale landingspagina van het webcareteam op internet. Ook staan zij idealiter op de Twitter-pagina van de organisatie. Om nog meer een menselijk gezicht te tonen, plaatsen sommige webcareteams zelfs portretten van de medewerkers op de website en Twitter.

Stap 8: publiekelijk afsluiten

Ook als de afhandeling van een vraag via DM of PM verloopt, is het verstandig om de case uiteindelijk publiekelijk af te sluiten. Dat kan eenvoudig met een bericht als: 'Fijn dat we u hebben kunnen helpen. Mocht u nog vragen hebben, dan kunt u opnieuw contact met ons opnemen.'

Een dergelijke afsluiting van de case heeft twee belangrijke voordelen. Ten eerste benadruk je dat je de klant hebt geholpen. Je toont je opnieuw klantvriendelijk en benadrukt dit als het ware op een subtiele, maar niet te missen manier. Het bijkomende psychologische effect is dat de klant onbewust onthoudt dat je hem goed hebt geholpen. In het vervolg zal hij hopelijk (iets) positiever over je denken.

Het tweede belangrijke effect is dat veel klanten geneigd zullen zijn om op een dergelijke afsluiting te reageren. Dat effect treedt bijna automatisch op als de emotie wat is gezakt en de klant zich blij verrast realiseert dat hij daadwerkelijk is geholpen. Op dat moment is de kans groot dat hij je alsnog publiekelijk bedankt voor de hulp die je hebt geboden.

Goed geholpen door de #UPC helpdesk! Dank je wel!
Bron: Hyves.nl

Daarmee zien followers, friends of connections van je klant dat de case niet alleen is afgerond, maar dat je klant daarover zelfs tevreden is. Van zo'n aanbeveling kun je er nooit genoeg hebben.

Rules of engagement

Als er regelmatig online kritiek wordt geleverd op een organisatie, komt er een punt waarop je het als medewerker zat bent. Zowel online als offline wordt er behoorlijk wat gescholden, gedreigd en gechanteerd. Zeker als de kritiek onterecht voelt, komt dat hard aan. Zelfs de meest geharde ondernemers en (klantenservice)medewerkers zijn niet immuun voor de houding en het gedrag van mensen met kritiek of klachten. Op enig moment willen ze er iets aan doen en springen ze voor hun organisatie in de bres, zoals je aan het begin van dit hoofdstuk zag bij Sanoma Media.

Om ervoor te zorgen dat medewerkers die verantwoordelijk zijn voor webcare zelfbeheersing betrachten en in hoge mate uniform opereren, hanteren veel organisaties *rules of engagement*. Dankzij eenvoudige spelregels weten medewerkers precies wat ze wel en niet kunnen doen. Deze kaders vloeien deels voort uit eerder gemaakte beleidskeuzes en worden omwille van acceptatie en draagvlak bij voorkeur door het team zelf geformuleerd en verfijnd.

Ter inspiratie vind je hier een voorbeeld van de rules of engagement van een middelgroot Nederlands telecombedrijf:

1. Klanten hebben recht op hun mening over onze organisatie. Het team vertelt klanten nooit wat ze moeten denken of moeten zeggen.
2. Het team reageert niet op posts waarin buitensporig wordt gescholden en/of gevloekt.
3. Het team mengt zich niet in discussies die niet over onze organisatie gaan, bijvoorbeeld politiek of het weer.
4. Het team geeft geen commentaar op en bemoeit zich niet met discussies waarin de producten en dienstverlening van onze organisatie worden vergeleken met die van concurrenten.

5. Als het team een interventie pleegt, geeft het slechts feitelijke informatie. Het team is altijd 100 procent zeker van de inhoud van hun antwoord. Bij twijfel wordt de interventie niet gepubliceerd.
6. Het team spreekt altijd namens onze organisatie. Medewerkers van het team geven geen persoonlijke mening.
7. Het team doet geen beloftes die het niet waar kan maken.
8. Reacties op vragen en klachten moeten in perfect Nederlands zijn geschreven.
9. Het team maakt geen enkel negatief statement over onze organisatie, zelfs geen kwinkslag.
10. Het team laat zich niet provoceren en vermijdt (ja/nee-) discussies.

Do's & don'ts

Je weet nu hoe je een goede reactie op online kritiek kunt formuleren. Of het nu om klachten gaat of om vragen, je hebt de kennis om op gepaste wijze te antwoorden. Met de volgende do's en don'ts kun je ten slotte belangrijke valkuilen vermijden en kansen, maar ook gevaarlijke verleidingen herkennen.

Van reactief naar proactief

Of je nu een multinational bent of de eigenaar van een restaurant of winkel, met webcare reageer je op vragen en klachten. Niettemin zijn er situaties die het rechtvaardigen dat je als organisatie klanten proactief informeert. Dat zijn meestal ontwikkelingen rondom het bedrijf die de dienstverlening aan individuele klanten rechtstreeks raken en die bijvoorbeeld kunnen leiden tot een snelle stijging van het inkomende telefoonverkeer. Denk daarbij aan calamiteiten, storingen en onderhoudswerkzaamheden. In deze gevallen kun je als organisatie proactief mededelingen doen en je klanten voortdurend informeren over de laatste ontwikkelingen via sociale media als Twitter, Facebook, een eigen blog of een gebruikersforum.

Iedereen, er staat in Rotterdam een pand van ons in vuur en vlam.
Meer informatie is terug te vinden op:
http://over.vodafone.nl/nieuwscentrum/nieuws/statement-storing-vodafone-door-grote-brand-bedrijfspan...
We werken keihard aan een oplossing.
Excuses voor het ontstane ongemak.
Bron: forum.vodafone.nl

Om verwarring onder klanten, maar ook onder journalisten te voorkomen is het vanzelfsprekend belangrijk dat de inhoud van de online berichten is afgestemd op de perswoordvoering en overeenkomt met de informatie op je website.

Vermijd het deleten van berichten

Als je start met webcare, verspreidt dat nieuws zich razendsnel en weten klanten je te vinden. Zeker als je op je website aangeeft op welke sociale netwerken je voornamelijk actief zult zijn, mag je verwachten dat ze je daar zullen benaderen om hun vraag te stellen of hun klacht aan je voor te leggen. Tot zover is er niets aan de hand; daarvoor begin je immers met webcare.

Maar het kan ook voorkomen dat de vragen, maar met name de klachten op je eigen Facebook-fanpage, in comments op je corporate blog of in je eigen serviceforum voor je gevoel wel erg gaan domineren. Dit effect kan bijvoorbeeld optreden bij organisaties met veel klanten en regelmatige problemen in de dienstverlening, zoals openbaar vervoer, banken, energiebedrijven en telecomaanbieders, maar ook bijvoorbeeld winkeliers en restaurant.

Wellicht ben je dan in de verleiding om negatieve berichten van klanten, al dan niet na afhandeling van de klacht of vraag, te verwijderen. Zo zijn ze niet meer zichtbaar zijn op je eigen timeline en kan niemand ze meer lezen. De ervaring leert echter dat deleten niet verstandig is. Dat lijkt namelijk verdacht veel op manipulatie van de publieke beeldvorming rond je organisatie. Niet alleen leidt dit steevast tot weerstand bij klanten en de online community, ook komt het betrekkelijk naïef over. Een negatieve comment van de ene klant wordt binnen de kortste tijd gedeeld door andere klanten via een like op Facebook of de *social sharing*-opties op je blog.

Ee-lan Law uit Kuala Lumpur, Maleisië, wist eind maart 2013 niet wat haar overkwam. Ze schreef een berichtje op de fanpage van de lokale patisserie Les Deux Garcons, waarin ze klaagde over de houding van het personeel. Dit werd snel verwijderd, waarop ze vroeg waarom dit was gebeurd. Er ontspon zich een verhitte discussie met vermoedelijk de eigenaar van de patisserie, die haar uiteindelijk toebeet: *'We have no time for bitches'*. De discussie en deze opmerkingen leidde tot een golf van protesten en woede, zowel online als in reguliere media. Enkele duizenden shares, likes en comments waren het gevolg. Screenshots van de geposte klacht en de discussie gingen als een lopend vuurtje rond en wakkerden het negatieve sentiment rondom Les Deux Garcons verder aan.

Overigens, wellicht het belangrijkste argument om negatieve berichten niet te deleten, is dat je de unieke kans mist om alsnog je klantvriendelijkheid en professionaliteit te tonen en voor iedereen zichtbaar deze klacht snel en vaardig op te lossen.

Laat je niet provoceren

Als je dagelijks alle online kritiek op je organisatie afhandelt, is het belangrijk je ogen op de bal te houden en je te wapenen tegen ruziezoekers, provocateurs en trollen. Oxxio voelde dit goed aan en 'levelde' in een informele tweet via @Oxxiomedewerker met een boze klant:

@Poellie1978: hey Poellie, waarom maak je ruzie dan? Kan ik misschien ergens mee helpen? Stuur mij een DM als je wil. Gr MT

Op sommige berichten kun je inhoudelijk simpelweg geen enkele zinvolle reactie geven, bijvoorbeeld als er geen sprake is van een concrete klacht, vraag of informatiebehoefte, maar slechts van een, al dan niet gefundeerde, mening. Of de situatie is te precair of te politiek gevoelig om te reageren. Of je weet simpelweg dat het geen enkele zin heeft om te reageren; je kunt de heersende publieke opinie toch niet veranderen. Dat is bovendien ook niet je opzet.

Dus #SNS past keurig in het rijtje van rotzooi banken. Lekker risicovol beleggen met geld van de klanten die nu ook het gelag betalen! #fail

Het webcareteam van de DSB Bank liet zich in 2009 echter even gaan toen de bank vol onder vuur lag van en @Sophietje70 zich via Twitter het volgende afvroeg:

Wat betekent DSB eigenlijk: Dirk Scheringa Bank?? Lekker vertrouwenswekkend, zo'n egocentrische naam...

De reactie van DSB:

@sophietje70 Met een klein beetje onderzoek ontdek je al gauw dat DSB staat voor Dirk Scheringa Beheer

Niet alleen is het verschil tussen 'bank' en 'beheer' in de context van de hele situatie niet relevant, maar de vileine toon in de reactie van de medewerker is ook volstrekt ongepast.

Voorzichtig met humor

Als je alle aanwijzingen in dit hoofdstuk volgt, reageer je professioneel en effectief op elke relevante vraag en klacht. Je voorkomt dat cases escaleren en een eigen leven gaan leiden, met alle gevolgen van dien. Tegelijk is zo'n zakelijke en zo efficiënte benadering ook wat saai en voorspelbaar. Zou het niet mooi zijn als je af en toe in de gelegenheid bent iets meer (merk)persoonlijkheid in je reacties te tonen, bijvoorbeeld door net even iets meer warmte en menselijkheid te laten zien? Door klantvriendelijkheid te mixen met humor? Door je net iets eigenzinniger te tonen dan veel andere bedrijven en je zo te onderscheiden? Maar pas op, de scheidslijnen tussen humor, banaliteit en arrogantie zijn dun. Het automerk Smart in de Verenigde Staten begrijpt dat als geen ander en reageert met de nodige zelfspot op een niet serieus te nemen tweet.

Saw a bird had crappen on a Smart Car. Totaled it.

Couldn't have been one bird, @adtothebone. Sounds more like 4.5 million (Seriously, we did the math.)

In een link wordt verwezen naar een hilarische infographic (http://mashable.com/2012/06/21/bird-poop-smartcar/) waarin Smart visualiseert dat de uitwerpselen van zo'n 4,5 miljoen duiven nodig zijn om een Smart daadwerkelijk te pletten.

Ook Domino's Pizza weet precies de juiste snaar te raken:

Getting dominos for my bitch.

@billionairerod That bitch will enjoy every bite.

O2 gaat nog een stap verder. Op de tweet van @Tunde24_7 in onvervalst *slang from da hood* reageert @O2 toonvast, maakt wereldwijd indruk en scoort ruim 800 retweets:

@O2 bastard big man ting I swear direct me to our owner what happend to my internet connection fam mans having to use wifi and dat

@Tunde24_7 Have you tried to reset the router ting fam, so man can use the wifi and dat?

O2 heeft inmiddels een naam hoog te houden als het gaat om een gedurfd, maar goed gevoel voor humor. Tijdens een storing in 2012 twitterde een klant '*Had to travel to Italy to get signal – desperate times!!!*', waarop O2 kort daarop reageerde met: 'You can come back now. We're back in business.'

Ook in Nederland zien we voorbeelden, maar tot dusver wordt het nergens echt spannend. Zo heeft @De Sinterklaas een dag voor de officiële intocht op 11 november 2011 in Dordrecht moeite de juiste vaargeul te plotten:

Welke boei is het nou? 3011A of 1103A?

Rijkswaterstaat monitort blijkbaar op het woord 'boei' en antwoordt:

Als u met de stoomboot bij boei 1103A rechtsaf gaat, @De Sinterklaas, dan vaart u de goede kant op!

Promotie of niet

De verleiding kan op enig moment groot zijn om het webcarekanaal in te zetten voor marketing en sales. Met webcare heb je inmiddels een flinke schare followers en fans opgebouwd, die je, al dan niet onder druk van andere afdelingen, met een tweet of update kunt bereiken.

Pas echter op met promotie via specifieke webcarekanalen; het pushen van commercieel getinte boodschappen heeft naar alle waarschijnlijkheid een tegengesteld effect op de geloofwaardigheid van het webcareteam en de reputatie van de organisatie. Beter is om parallel aan de webcareactiviteiten een separate socialmediacampagne in te richten voor commerciële doeleinden.

Positieve berichten zijn een kans

Bij de afhandeling van klachten en vragen ligt per definitie de nadruk op negatieve berichten en het voorkomen van een escalatie van problemen. Als je echter snel een sterke band met je achterban wilt creëren of een katalysator nodig hebt om je online reputatie te verbeteren, kijk dan ook eens naar de positieve berichten. Eerder in dit hoofdstuk sprake we al over het publiekelijk afsluiten van de case, waarmee een bedankje of zelfs een compliment kan worden uitgelokt. Optiekketen Hans Anders begreep dat uitstekend toen het bedrijf via Twitter reageerde op een tevreden klant:

Mijn dochter heeft haar drie nieuwe brillen binnen. THX #HansAnders

@micheldebruijn Beste Michel, we wensen je dochter veel plezier met haar nieuwe brillen ;) ^MV

@hansanders Heel blij mee! Drie stuks is iets geweldigs. Zonnebril op sterkte is een belevenis!

Een positieve review op een beoordelingssite of een spontaan compliment op Twitter verdient zonder meer een bedankje:

@NS_online prima op tijd op m'n werk! Traject waar meeste sneeuw is gevallen R'daal-Vlissingen zonder enige vertraging #NS #complimenten

@Arjen_vK Dank voor je compliment! Fijn om te lezen dat je op tijd op je eindbestemming bent aangekomen.

Stel, je hebt een winkel, schoonheidssalon, kapper, hotel of restaurant, dan kunnen klanten 'virtueel' bij je inchecken op Foursquare of op Facebook. Feitelijk bevelen ze daarmee jouw bedrijf aan bij hun volgens en vrienden; ze laten zien waar ze zijn, geven feedback op je dienstverlening en associëren zich met jouw merk. Je kunt hun loyaliteit belonen door hen te bedanken, welkom te heten en eventueel een klein geschenkje aan te bieden. Zo krijgt iedere klant bij Doppio, een hippe espressobar in Hilversum, op vertoon van zijn eerste check-in een gratis cappuccino. Voor de 'mayor' (de klant die het vaakst bij je incheckt via Foursquare en daarmee een zeer loyale klant) kun je zelfs nog een aparte promotie organiseren. Zo zijn er kroegen waar de mayor altijd een (stam)tafel heeft en restaurants waar de mayor standaard tien procent korting krijgt op de rekening. Zie voor inspiratie over deze zogenaamde 'specials' business.foursquare.com.

Kortom, er zijn veel mogelijkheden om positieve berichten te benutten. Pak dit zorgvuldig aan; wees niet te opdringerig, dat keert zich tegen je. Test eventueel voorzichtig uit of je gekozen aanpak werkt.

Durf te proberen

Je hebt je inmiddels goed voorbereid op de afhandeling van online vragen en klachten. Elke branche en elke organisatie is echter anders. Probeer daarom als organisatie en webcareteam nieuwe dingen uit. Experimenteer. Vind tot op zekere hoogte opnieuw het wiel uit – jóúw wiel. Denk daarbij goed na, stem je ideeën en plannen intern af met relevante afdelingen of collega's en wees niet al te bang om fouten te maken. En als er echt iets fout gaat en een klant aanstoot neemt aan een reactie, leg je uit wat je hebt gedaan en waarom en maak je excuses. *Lesson learned...*

Samenvatting

Een gouden formule voor reageren op kritiek op internet bestaat niet. De aard van eventuele klachten en vragen hangt simpelweg van te veel variabelen af, waaronder soort organisatie, branche, product, dienstverlening en doelgroepen. Dat wil niet zeggen dat er geen praktische handvatten zijn om op een constructieve wijze met online feedback om te gaan. Via het achtstappenplan in dit hoofdstuk kun je professionele interventies doen en reacties geven die hout snijden.

Na een grondige analyse van de vraag of klacht (stap 1) kun je de aard van de beoogde reactie vaststellen (stap 2): is het doel bijvoorbeeld contact leggen en het opvragen van klantgegevens of het daadwerkelijk oplossen van de individuele vraag of klacht? Voordat je een concrete reactie opstelt, is het belangrijk te weten via welk kanaal je reageert (stap 3) en of je antwoord wellicht voor een bredere doelgroep relevant is (stap 4). Bij het opstellen van je reactie (stap 5) is het zaak om ook in vorm en toon correct en consistent te reageren. Via de ZEKEP-formule (Zakelijk, Empathisch, Kort, Effectief, Persoonlijk) kun je toetsen (stap 6) of de geformuleerde reactie professioneel is. Ten slotte zorg je voor een persoonlijke ondertekening van je reactie, of dit nu je volledige naam is in een forum of een cotag met je initialen in een tweet (stap 7). Zelfs al heb je een groot deel van de conversatie met een klant via *direct messages* gedaan, een case sluit je uiteindelijk publiekelijk af (stap 8). In veel gevallen ontvang je dan een vriendelijk bedankje van de klant.

Rules of engagement zijn eenvoudige spelregels waardoor alle webcaremedewerkers op elk moment precies weten wat ze wel, maar ook wat ze niet kunnen. Hoewel elke organisatie haar eigen aanwijzingen heeft, zijn veel 'rules' gericht op een snelle oplossing zonder verdere escalatie van vraag of klacht. Daarmee zijn de rules of engagement ook gewoon een kwestie van fatsoen, logisch nadenken en klantvriendelijkheid.

Daarnaast zijn er door schade en schande van veel andere bedrijven in de afgelopen jaren een aantal do's en don'ts ontstaan waarmee je je voordeel kunt doen:

- In specifieke situaties zoals bij calamiteiten, storingen, onderhoud en verbouwingen kan het helpen klanten proactief te informeren.
- Het wordt in de meeste gevallen niet geaccepteerd als je klachten van klanten verwijdert van je Facebook-fanpage, je corporate blog of je eigen forum.
- Je moet een dikke huid hebben om je niet te laten provoceren door sommige klanten.
- Het pushen van commerciële berichten via webcare kan contraproductief uitpakken. Je geloofwaardigheid is al snel in het geding.
- Wees voorzichtig met humor, maar als je de juiste toon weet te raken...
- Positieve berichten zijn een kans, een katalysator voor je reputatie.

HOOFSTUK 8 ONLINE MONITORING- EN WEBCARETOOLS

'*Loved, loved, loved your cool London Hotel.*' (Canadese gast, 21:59 uur)

'*Thanks, thanks, thanks, we loved having you!*' (citizenM, 22:41 uur)
Bron: citizenM Facebook Fanpage, 2 februari 2013

De boetiekhotelketen citizenM opent in hoog tempo vestigingen. Na Glasgow, Amsterdam en Amsterdam-Schiphol volgde in 2012 Londen. In 2013 en 2014 openen nieuwe hotels in New York (twee stuks), Rotterdam en Parijs. Ook staan er liefst drie extra vestigingen gepland in Londen. Het concept van de viersterrenhotels is slim: '*to create affordable luxury for the mobile citizens of the world*'. Daarvoor bouwt het bedrijf van Mexx-oprichter Rattan Chandha aan een portfolio van designhotels op toplocaties in wereldsteden. De medewerkers, in zwart uniform en in citizenM-jargon steevast aangeduid als '*ambassadors*', hebben slechts één taak: '*to sell customer satisfaction*'.

Dat is terug te zien in de gastvrijheid van de medewerkers. Hun houding is informeel en vriendelijk.

Deze gastvrije benadering heeft citizenM ook doorgevoerd in alle online communicatie. De hotelketen is actief op vele sociale netwerken, waaronder Twitter, Facebook en Foursquare. Los van de interactie met reizigers en gasten vindt citizenM het wellicht nog belangrijker om te leren van alle posts, comments, tweets en reviews over de keten en de individuele hotels. Voor sociale netwerken en contentplatforms wordt gek genoeg geen aparte tool ingezet: citizenM scant Twitter via de ingebouwde searchfunctie en Facebook wordt simpelweg gevolgd op de fanpage van de keten. Voor de reviews op vergelijkingssites gebruikt citizenM echter de geavanceerde online monitoring- en analysetool ReviewPro.

ReviewPro is speciaal voor hotels ontwikkeld om eenvoudig hun online reputatie te kunnen monitoren. Het online softwareprogramma zegt berichten en reviews te verzamelen in meer dan 35 talen en van honderden Online Travel Agencies (OTA's), reviewwebsites en socialmediaplatforms. ReviewPro biedt citizenM volcontinu inzicht in alle relevante feedback van gasten, zowel op het niveau van individuele reviews als op dat van overall reputatie- en kwaliteitsontwikkeling. Per individueel hotel in de citizenM-keten gaat het om circa vier- tot vijfhonderd reviews per maand. Dat zijn gemiddeld tweemaal zoveel reviews als voor elke naaste concurrent. Primaire bronnen zijn Booking.com, Tripadvisor, Yelp en de eigen klantensurveys.

Twee stafmedewerkers monitoren internet continu op zoek naar reviews en andere berichten. Standaard bedanken zij klanten voor positieve berichten, bijvoorbeeld op hun Facebook-fanpage. Niettemin ligt de prioriteit bij negatieve berichten en reviews. Als duidelijk is dat de gast nog in het hotel verblijft, volgt daarom een razendsnelle terugkoppeling naar de assistent-manager van de vestiging in kwestie. Deze zoekt vervolgens zo snel mogelijk contact met de gast *'to make it right'*. Alleen als de gast reeds is vertrokken, zoekt het hotel online contact.

Verder begint elke dienst in elk citizenM-hotel met een korte briefing van de assistent-manager, waarbij steevast de laatste feedback van gasten aan de orde komt. Het team probeert in deze vergaderingen oorzaken van klachten en negatieve berichten te achterhalen en gezamenlijk verbeteringen te bedenken. Dat is niet alleen belangrijk voor het uiteindelijke succes van het hotel, maar ook voor de *ambassadors* zelf. Een deel van hun salaris is namelijk afhankelijk van de gemeten klanttevredenheid.

Op managementniveau ligt de aandacht op een ander niveau en wordt primair gekeken naar de Global Review Index (GRI), een algemene online reputatiescore ofwel algemene kwaliteitsindex voor individuele vestigingen en de groep als geheel. Zo stelt het management voor elk hotel jaarlijks een doelstelling vast. Aangezien citizenM al jaren een zeer stabiele en hoge klantvriendelijkheid toont, ligt de doelstelling voor elke vestiging inmiddels op 91 procent of hoger.

Via de Competitive Quality Index (CQI) vergelijkt het management elke vestiging met tien andere hotels. Dat zijn niet alleen de vijf belangrijkste concurrenten qua locatie en marktsegment, maar ook de *best practices*: de vijf hotels met de hoogste GRI in dezelfde regio.

Toch heeft het management ook interesse in de achterliggende individuele reviews. Zo hebben online opmerkingen over het ontbreken van warme lunches, snacks en maaltijden geleid tot een aanpassing van het aanbod. Daarnaast is de standaardinrichting van de kamers op verschillende punten aangepast nadat uit online reviews toch enkele onvolkomenheden bleken. Dat heeft zich inmiddels vertaald naar betere reviews op aspecten als 'kamer' en 'badkamer'.

Hotelketen citizenM werkt met ReviewPRo aan een model om het verband tussen enerzijds relatieve klanttevredenheid (CQI) en anderzijds prijs en bezetting te verklaren en te voorspellen. Universitair onderzoek van het Center for Hospitality Research van Cornell University toonde eind 2012 namelijk aan dat online klanttevredenheid een directe invloed heeft op de financiële resultaten van hotels. Door een betere klanttevredenheid kunnen hotels niet alleen hogere prijzen vragen bij individuele online boekingen, ook is er een rechtstreeks verband tussen een betere online reputatie en hogere bedongen prijzen voor groepsboekingen en corporate boekingen. Het model moet citizenM op korte termijn in staat stellen om op elk moment de optimale prijs te vragen, gegeven de klanttevredenheid, bezetting en prijsstelling van concurrerende hotels. Daarmee is de return-on-investment van monitoring, webcare en online reputatiemanagement definitief aangetoond en is citizenM een voorbeeld voor elke organisatie die op dit punt ambities heeft.

Hoe kun je 24/7 je reputatie volgen?

Het mag inmiddels duidelijk zijn dat vragen en klachten op elk moment en zo'n beetje overal online tot uitdrukking kunnen komen. Of dat nu tijdens kantooruren, in het weekend of midden in de nacht is. En of je nu in de veronderstelling verkeert dat je klanten vooral tevreden zijn of zeker weet dat je onder vuur ligt. Dit plaatst kleine en grote organisaties voor een uitdaging, want hoe kun je 24/7 bijhouden wat er allemaal over je wordt geschreven en gepost op internet? De stroom berichten is simpelweg te groot en gaat in veel gevallen te snel om handmatig te monitoren.

Je werk wordt een stuk makkelijker met speciale software, zogenaamde tools voor online monitoring, webcare en socialemediamanagement. Gelukkig zijn er inmiddels tientallen, zo niet honderden tools online beschikbaar. De verschillen tussen alle aanbieders is groot. Sommige oplossingen zijn low budget of zelfs gratis, betrekkelijk eenvoudig en uitermate geschikt voor het MKB. Andere systemen zijn complexer, vereisen meer budget en vragen gerichte training.

De meest geschikte online tool – het 'Zwitserse zakmes' onder de tools – bestaat niet. Veel Nederlandse organisaties zien door de bomen het bos niet meer, temeer omdat met grote regelmaat nieuwe tools worden gelanceerd. Op basis van gebruikerservaringen ontwikkelen bestaande tools zich bovendien snel door. Pas na een grondige analyse van de behoeften van je organisatie ben je in staat een oplossing te selecteren die het best aansluit bij je behoeften en budget.

Om je te helpen bij het kiezen van een tool vind je in dit hoofdstuk meer informatie over de vijf hoofdfuncties van dergelijke tools. Vervolgens kun je met een praktische checklist elke tool beoordelen. Natuurlijk tref je in dit hoofdstuk ook enkele veelgebruikte online tools in Nederland. Voor kleinere organisaties in het MKB biedt dit hoofdstuk bovendien een shortlist met enkele interessante gratis of lowbudgettools. Het hoofdstuk besluit met een inventarisatie van de belangrijkste socialemedianetwerken en contentplatforms die je nodig hebt om snel in actie te kunnen komen.

Belangrijkste functies van een goede tool

Het landschap van online tools is uitermate divers. Niet alleen verschilt de software van leverancier tot leverancier, maar ook biedt een leverancier vaak licenties op meerdere pakketten. Elk duurder pakket is dan uitgebreider dan het vorige met meer gebruikers, koppelingen met meer sociale profielen en meer functionaliteiten. Een goede vergelijking van leveranciers en oplossingen is daarmee een flinke klus. Een complete tool voor het vinden, analyseren en afhandelen van online vragen en klachten kent in elk geval vijf belangrijke functies.

Dataverzameling

Online monitoringtools werken feitelijk als een veredelde zoekmachine: je voert een meer of minder complexe set zoektermen in en vanaf dat moment struint de tool continu en automatisch sociale media af op zoek naar een match voor de combinatie van keywords die je hebt opgegeven. Afhankelijk van je organisatie en doelstellingen is het echter belangrijk te achterhalen op welke specifieke manier een tool data verzamelt. De volgende vragen zijn daarbij interessant:

- Werkt de tool met een open of een gesloten set bronnen? Kun je bij een gesloten set bronnen specifieke sociale media toevoegen?
- Zoekt de tool alleen in Nederland of ook internationaal?
- Kun je op alle gewenste talen monitoren?
- Monitort de tool alleen Twitter en Facebook of ook andere brontypen?
- Heeft de tool een eigen totaalarchief met berichten? Kun je op elk moment willekeurige berichten van een jaar geleden achterhalen? En van twee jaar?
- Hoe vaak per dag worden bronnen gescand op nieuwe berichten?

De frequentie waarmee bronnen worden gescand, mag niet worden onderschat. Een managementteam of een communicatieafdeling heeft wellicht genoeg aan een wekelijkse rapportage; een dagelijkse scan van alle bronnen zou in dat geval volstaan. Maar een afdeling klantenservice wil meer actuele zoekresultaten om direct te kunnen reageren. In dat geval moet de tool bijvoorbeeld om de paar minuten de laatste relevante tweets binnenhalen via de firehose, de real-time berichtenstroom van Twitter.

Analyse

Sommige tools kunnen geen analyses uitvoeren en volstaan met een simpele chronologische inventarisatie van de gevonden zoekresultaten. Andere zijn uitgerust met mogelijkheden om volautomatisch gevonden berichten te ontleden en automatisch een eerste (trend)analyse te maken op aspecten als:

- aantal berichten;
- subthema's of trending topics;
- brontypen;
- bronnen;
- auteurs;
- geografische herkomst van het bericht.

Sommige tools hebben bovendien de mogelijkheid om de resultaten van meerdere zoekopdrachten met elkaar te vergelijken, waardoor je bijvoorbeeld snel en efficiënt de online buzz tussen concurrenten kunt vergelijken en benchmarken.
Daarnaast is het mogelijk dat de monitoringtool een automatische 'sentimentanalyse' uitvoert in een of meerdere talen. Daarbij wordt de inhoud van een bericht gescand en stelt de software vast of een bericht een positieve, negatieve of neutrale lading heeft ten opzichte van de ingegeven zoekopdracht. Dit gebeurt in essentie door de inhoud van het bericht te vergelijken met een geprogrammeerde lijst van woorden die een positieve of negatieve connotatie hebben. Als er geen sentiment kan worden vastgesteld, is het bericht neutraal.

De accuratesse van automatische sentimentanalyse staat nog steeds ter discussie. Als er meerdere bedrijven of merken in een bericht figureren, blijkt het lastig het juiste sentiment aan het juiste bedrijf of merk te koppelen. Een feitelijk positieve uitspraak ('wat een geweldige auto') kan in een bepaalde context ('heb alweer autopech, wat een geweldige auto') bovendien een negatieve betekenis hebben. Sarcasme en ironie bezorgen programmeurs van online monitoring tools al enige tijd hoofdbrekens:

Heerlijk 20 minuten op de trein wachten in de vrieskou! Chapeau NS! Superbedrijf zijn jullie ook!

Ook straattaal is niet zo makkelijk te vangen in automatische sentimentanalyse.

Die nieuwe hi reclame iss zo fucking ziek jonggoe

Aanbieders claimen een betrouwbaarheid van zestig tot tachtig procent bij automatische sentimentanalyse. Sommige leveranciers van online monitoringtools kiezen daarom voor handmatige sentimentanalyse. Dit kan soms alleen door de leverancier, maar vaak ook door de organisatie zelf worden gedaan. Hieraan kleven echter eveneens nadelen. Vanwege het tijdrovende werk kunnen de kosten flink oplopen, zeker bij analyse van grotere hoeveelheden en/of langere berichten. Daarnaast zetten sommigen ook vraagtekens bij de consistentie van de beoordelingen: verschillende medewerkers kunnen – afhankelijk van achtergrond, opleidingsniveau, dag en zelfs tijdstip – immers verschillend oordelen over dezelfde berichten.

Persoonlijk vind ik hybride systemen prettig, waarbij ik de resultaten van automatische sentimentanalyse zie als indicatief, terwijl ik het sentiment handmatig kan bijstellen indien ik dat wenselijk vind.

Rapportage

De gebruikelijkste manier om resultaten te presenteren is een online dashboard. De tool presenteert dan berichten, trends, grafieken en tabellen overzichtelijk op je computerscherm. Als gebruiker kun je vervolgens verder inzoomen, bijvoorbeeld op een specifieke periode, een brontype of een subthema. Bij sommige tools is het ook mogelijk om een persoonlijk dashboard samen te stellen met informatie die alleen voor jou relevant is.

Daarnaast is het vaak mogelijk om kant-en-klare rapportages te genereren, bijvoorbeeld als pdf-document. Daarbij heb je de mogelijkheid om specifieke tabellen en grafieken te selecteren of juist weg te laten, je eigen interpretatie en conclusies toe te voegen en het logo van je organisatie op te nemen. Met sommige tools kun je eenvoudig grafieken kopiëren naar Word of PowerPoint of de achterliggende data exporteren naar Excel om de resultaten zelf te verwerken.

Bovendien is het mogelijk om per e-mail een of meerdere keren per dag een overzicht te ontvangen van gevonden berichten of een 'alert' zodra het aantal gevonden berichten snel stijgt of het sentiment sterk daalt.

Ben je ten slotte van plan om met een team continu de online buzz te bewaken en een heus 'socialmedia-commandocentrum' in te richten, zoals in een toenemend aantal internationale bedrijven gebeurt, dan wil je als gebruiker dat de tool verschillende narrowcastingfeeds met berichten, grafieken en overzichten uitstuurt naar beeldschermen aan de muur.

Engagement

Als meerdere medewerkers gebruikmaken van dezelfde accounts of logins van een organisatie, kan dat leiden tot tijdverlies en verwarring. Dan is het prettig om alle relevante sociale netwerken, contentplatforms en zelfs belangrijke fora te koppelen aan een en dezelfde tool. Vervolgens kunnen alle medewerkers met toegang tot deze tool reacties versturen zonder gedoe met verschillende passwords en voortdurend in- en uitloggen. Als een medewerker het team of bedrijf verlaat, is het bovendien niet nodig om alle passwords te veranderen; alleen de persoonlijke toegang tot de centrale tool vervalt. Sommige tools bieden een dergelijke engagementmodule volledig geïntegreerd aan. Je kunt berichten versturen, conversaties volgen, klanten volgen of ontvolgen, retweeten of liken zonder de tool te verlaten. Bij andere tools is engagement een additionele optie.

Workflowmanagement

In kleinere organisaties zijn meestal maar een of twee mensen actief met sociale media. Daarentegen kunnen in grote organisaties al snel enkele tientallen medewerkers betrokken zijn, verspreid over verschillende afdelingen, vestigingen en zelfs landen.

In een dergelijke situatie is het belangrijk dat een organisatie de stroom aan berichten snel en nauwkeurig kan verwerken met een minimum aan tijdverlies. Daarom hebben zich de afgelopen jaren verschillende online monitoringtools ontwikkeld tot volwaardige workflowmanagementsystemen. Daarmee kunnen organisaties de afhandeling van vragen en klachten intern optimaal inrichten. De functionaliteiten van een dergelijk systeem kunnen echter ook voor het MKB interessant zijn en omvatten bijvoorbeeld:

- het labellen of 'taggen' van specifieke berichten naar aard, issue en prioriteit;
- het doorsturen van berichten als taak naar relevante collega's en afdelingen;
- het goedkeuren van geformuleerde reacties door bijvoorbeeld een supervisor;
- de signalering van openstaande taken en verstreken deadlines;
- het archiveren van online conversaties met klanten;
- het monitoren en vergelijken van de prestaties van individuele teamleden;
- het genereren managementinformatie.

Selectie van een tool

In Nederland zijn verschillende oplossingen beschikbaar voor online monitoring, analyse, rapportage, engagement en workflowmanagement. Deze 'advanced listening tools' bieden stuk voor stuk verschillende functionaliteiten en hebben elk hun sterke en zwakke punten. Voor een goede vergelijking van tools en offertes is het belangrijk om jezelf de volgende vragen te stellen:

1. Wat is mijn doel met online monitoring?
2. Welke afdelingen of individuele medewerkers zullen met de tool werken?
3. Welke informatie vinden zij belangrijk?
4. Hoeveel mensen werken er op dagelijkse basis tegelijk met de tool?
5. Hoeveel zoektermen (merk- en productnamen, onderwerpen, issues) gaan wij hanteren?
6. Wat is het beschikbare budget voor een online monitoringtool?

Om elke tool afzonderlijk te beoordelen kun je vervolgens gebruikmaken van onderstaande compacte checklist met kernvragen:

1. Welke sociale media monitort de tool? Kan ik sociale media uitsluiten?
2. Welke landen? Kan ik landen uitsluiten?

3. Welke talen? Kan ik talen uitsluiten?
4. Biedt de tool toegang tot berichten uit het verleden (twee tot drie jaar geleden)?
5. Hoe vaak laat de tool nieuwe berichten zien?
6. Kan ik het sentiment van de gevonden berichten automatisch laten beoordelen?
7. Kan ik het sentiment van de gevonden berichten handmatig beoordelen?
8. Analyseert de tool de geografische herkomst van berichten?
9. Hoe vaak laat de tool nieuwe analyses zien?
10. Biedt de tool een online dashboard?
11. Biedt de tool alerts per e-mail of sms?
12. Biedt de tool een overzicht van de gevonden berichten per e-mail?
13. Kan ik rapportages e-mailen en/of printen?
14. Kan de tool berichten, grafieken en tabellen 'live' tonen op aparte beeldschermen?
15. Hoeveel en welke socialemediaprofielen kan ik aan de tool koppelen?
16. Kan ik berichten labellen naar aard, issue en/of prioriteit?
17. Kan ik berichten forwarden naar teamleden en/of andere collega's?
18. Signaleert de tool taken die te lang openstaan?
18. Kan ik conversaties archiveren binnen de tool?
19. Biedt de tool inzicht in de productiviteit van teamleden?

20. Kan ik de tool koppelen aan bestaande klantcontact- of CRM-systemen?
21. Hoe toegankelijk dan wel gebruikersvriendelijk is de tool?
22. Hoe snel kan de tool worden geïmplementeerd? Wat is daarvoor nodig?
23. Zijn medewerkers snel wegwijs in de tool? Is separate training noodzakelijk?

Een koppeling met bestaande softwaresystemen

De tijd van standalone monitoringtools lijkt voorbij. Naarmate we beter begrijpen welke inzichten we kunnen verkrijgen, stelt de klantenservice eisen aan de koppeling met bestaande klantcontactsystemen. Marketingafdelingen willen databases verrijken met 'social data' als usernames en conversaties in het kader van 'social CRM', om nog maar niet te spreken over *campaign management*. Het is daarom verstandig om vooraf te checken of en zo ja op welke wijze een dergelijke koppeling kan worden gelegd. Enkele tools werken nauw samen met bijvoorbeeld Salesforce of Trinicom; veel andere tools beschikken over een zogenaamde Application Programming Interface (API), waarmee de koppeling kan worden gecreëerd. Dit betekent wel extra werk en meestal extra kosten.

Budget

Misschien is er straks maar één persoon tegelijk actief met de tool. Je hebt dan maar één licentie nodig die je in voorkomende gevallen deelt. Dat scheelt kosten. Als je in een groter bedrijf werkt, zullen naar verwachting ook de afdelingen R&D, Marketing en Sales interesse hebben. Elke afdeling heeft een eigen informatiebehoefte en wil een eigen dashboard of separate rapportage.

De uiteindelijke kosten hangen in sterke mate af van het aantal en het soort licenties dat je nodig hebt. De kosten van één enkele licentie op sommige high-end online monitoring tools kunnen oplopen tot vele duizenden euro's per maand. Met de snelle toetreding van nieuwe aanbieders de afgelopen jaren lijkt er sprake van voorzichtige prijserosie. Het verdient dan ook aanbeveling om alternatieven te vergelijken en stevig te onderhandelen.

Selectieproces

Online vragen en klachten handel je nauwkeurig en snel af met een geavanceerde monitoring- en webcaretool. Daarmee vergroot je niet alleen je effectiviteit, maar ook je capaciteit: je kunt simpelweg meer cases aan in minder tijd. Zo beschouwd verdienen de licentiekosten zich meestal snel terug. Tenminste, als je de juiste tool selecteert.

Ga daarom niet over één nacht ijs en oriënteer je grondig. Dat begint intern, bij de medewerkers, teams en/of afdelingen die met een dergelijke tool moeten werken. Welke functionaliteiten zijn *need to have* en welke *nice to have*? Wat zijn belangrijke randvoorwaarden, bijvoorbeeld op het gebied van ICT, beveiliging of budget?

Nadat je prioriteiten hebt gesteld, kun je je oriënteren op geschikte tools en een korte lijst van drie à vier leveranciers samenstellen met tools die aan de meeste criteria voldoen. Laat de geselecteerde leveranciers hun tool vervolgens demonstreren. Leveranciers van de meer geavanceerde monitoring- en webcaretools komen graag bij je langs voor een demonstratie, de meer internationaal georiënteerde socialmedia-managementtools zullen volstaan met een online demonstratie of webinar. Betrek bij de demonstraties de mensen die met de uiteindelijke tool moeten werken. Ook al is de software nog zo geavanceerd, het team moet ermee uit de voeten kunnen. Al tijdens de demonstratie zul je merken voor welke tool je team intuïtief warmloopt.

Daarna is het verstandig om de tool van je voorkeur plus het beste alternatief een tijdje te testen voordat je een definitieve keuze maakt. Maak daarover afspraken met beide leveranciers. De meesten willen je na een korte instructie best een of twee maanden laten testen. Dat geldt ook voor de socialmedia-managementtools, die meestal een online betaalmodel hebben. Zij bieden vaak een '30-day free trial' aan.

In de onderhandelingen met leveranciers kan het ten slotte nog de moeite waard zijn om afspraken te maken over de minimale looptijd van de overeenkomst. Jaarcontracten en vooruitbetalen kunnen een aantrekkelijke korting opleveren, maar het is ook handig om op maandelijkse basis het contract te kunnen opzeggen. De markt ontwikkelt zich zo snel dat je mogelijk flexibel wilt blijven om zonder dubbele kosten naar andere leveranciers te kunnen overstappen.

Soorten tools

In dit laatste deel van dit hoofdstuk vind je meer informatie over de specifieke tools die een organisatie nodig heeft om te kunnen reageren op online vragen en klachten. Allereerst worden de populairste geavanceerde monitoring- en webcaretools op de Nederlandse markt geïnventariseerd. Omdat niet elke organisatie kan beschikken over de budgetten die nodig zijn voor dergelijke tools, tref je vervolgens ook enkele lowbudgetsuggesties voor het MKB.

Om daadwerkelijk te kunnen reageren op berichten is het bovendien noodzakelijk dat je eigen accounts hebt op de belangrijkste sociale netwerken en platforms.

Geavanceerde tools

De markt voor geavanceerde monitoring- en webcaretools is flink in ontwikkeling. De afgelopen jaren zijn er veel nieuwe Nederlandse aanbieders bij gekomen, met – zoals gezegd – een breed en onoverzichtelijk scala aan productspecificaties.

Uit ons onderzoek *Webcare in Nederland* onder webcareteams in Nederland bleken de volgende geavanceerde tools populair (op alfabetische volgorde):

BuzzCapture	www.buzzcapture.com
Clipit	www.clipit.nl
Coosto	www.coosto.nl
Finchline	www.finchline.nl

Mediainjection	www.mediainjection.nl
Meltwater Buzz	buzz.meltwater.com
Salesforce Marketing Cloud	www.radian6.com
Teezir	www.teezir.com
Tracebuzz	www.tracebuzz.com

Daarnaast biedt Obi4Wan (www.obi4wan.nl) een complete monitoring- en webcareoplossing. Een overzicht van de mogelijkheden van deze systemen vind je in een whitepaper (www.marketingfacts.nl/research/webcare-onderzoek) van RepMen en Upstream. Ook bestaat een handige interactieve vergelijking van alle specificaties (www.marketingfacts.nl/statistieken/webcare-en-monitoringtools-2012).

Al deze systemen worden opvallend snel doorontwikkeld. Bij de selectie van een tool verdient het daarom aanbeveling ook te informeren naar de *road map* voor productontwikkeling. Mogelijk kan een tool op korte termijn, al dan niet op jouw nadrukkelijke verzoek, voldoen aan juist die ene speciale wens.

De licentiekosten zijn veelal afhankelijk van factoren als het aantal gebruikers, het aantal berichten en eventuele speciale wensen (bijvoorbeeld de koppeling met een CRM-systeem of handmatige sentimentanalyse). Prijzen variëren daarom sterk van enkele honderden tot enkele duizenden euro's per maand.

Small business

Je hoeft geen multinational met forse budgetten te zijn om

gericht te monitoren en te reageren op online vragen en klachten. Winkeliers, hoteliers, restauranthouders, makelaars, advocaten en allerlei organisaties in het MKB kunnen veelal uit de voeten met een aantal eenvoudige oplossingen die niets of betrekkelijk weinig kosten. Enkele populaire oplossingen als suggestie:

Google en Technorati – Via Google Alerts krijg je per e-mail gratis een overzicht van nieuwe berichten op nieuwssites, blogs en fora. Enige voorzichtigheid is echter op zijn plaats. Google vindt niet alle berichten en ook niet allemaal even snel. Ben je afhankelijk van een echte 'alert' van alle berichten die verschijnen, kies dan een andere tool.
Via Google Blogsearch en Technorati.com kun je eveneens een zoekopdracht instellen om recente blogposts over een specifieke zoekterm te vinden. Als een van de belangrijkste sociale netwerken heeft Twitter eveneens een, zij het wat beperkte, zoekfunctie om recente tweets te achterhalen.

Tweetdeck – Zeer populair is het gratis te downloaden softwareprogramma Tweetdeck, dat sinds 2011 van Twitter zelf is. Daarmee wordt het mogelijk om binnen een en dezelfde tool de resultaten van verschillende zoekopdrachten in Twitter inzichtelijk in 'timelines' naast elkaar te arrangeren en te bekijken. Als gebruiker heb je de mogelijkheid om rechtstreeks vanuit het programma te reageren. Daarvoor kun je verschillende accounts aan Tweetdeck koppelen. Ook kun je tweets inplannen voor een later tijdstip en is het mogelijk om berichten te plaatsen op Facebook en LinkedIn. In combinatie met Google Alerts en Blogsearch kan dit voor de meeste kleine bedrijven al een aantrekkelijke combinatie van tools zijn.

Hootsuite – Hootsuite is een populaire monitoring- en engagementoplossing bij veel webcareteams en lijkt met naast elkaar gerangschikte timelines op Tweetdeck. De tool ondersteunt engagement via de populairste sociale netwerken en contentplatforms als Twitter, Facebook, LinkedIn, YouTube, Vimeo, Flickr, Instagram, Slideshare en zelfs Yammer. Specifieke blogs en fora kunnen via een RSS-feed inlopen.

Het gratis basisabonnement heeft beperkte functionaliteiten als het gaat om het aantal sociale profielen en teamleden. Ook zijn de analysemogelijkheden beperkt. Het eerstvolgende abonnement (Pro) is met tien euro per maand voor iedereen betaalbaar en biedt 'small businesses' goede oplossingen voor monitoring en engagement vanuit een ongelimiteerd aantal sociale profielen. Workflowmanagement (tot tien teamleden), archivering van berichten en uitgebreidere analyse- en rapportagemogelijkheden zijn optioneel tegen meerkosten.

SproutSocial – Net als Hootsuite is SproutSocial een prettige oplossing voor het MKB. De software lijkt vooral ontwikkeld om te fungeren als centrale socialemedia-managementhub van middelgrote bedrijven. Zo biedt de applicatie de mogelijkheid een dashboard in te stellen voor verschillende afdelingen, product-marktcombinaties of divisies. Toch is SproutSocial ook bij uitstek geschikt als makkelijk toegankelijke totaaloplossing voor kleinere organisaties. De tool ondersteunt primair Twitter, Facebook, Facebook Pages en LinkedIn en kan RSS-feeds inlezen. Het programma heeft, net als Hootsuite, een app voor je smartphone, kent uitgebreide zoekmogelijkheden en is in staat lokaal te monitoren. Het instapabonnement (Standard) kost enkele tientjes per maand en geldt voor slechts één gebruiker tot maximaal tien sociale profielen. Workflowmanagement met meerdere gebruikers is optioneel.

Eigen accounts

Alleen met eigen accounts ben je in de gelegenheid om uiteindelijk op berichten te reageren. Sommige organisaties beantwoorden vragen en lossen klachten op via hun reguliere accounts, andere doen dat via speciale webcare-accounts.

Zelfs als je nog geen vastomlijnde plannen hebt op het gebied van sociale media, wil je niet dat derden er met jouw voorkeursnamen vandoor gaan. Net zoals je internetdomeinnamen registreert en vastlegt, doe je dat ook voor de populairste sociale netwerken en platforms. Via www.namechk.com of www.knowem.com kun je eenvoudig controleren welke usernames nog vrij zijn op welke sociale netwerken en contentplatforms. Denk daarbij in elk geval aan:

Facebook	social network	Fanpage
LinkedIn	social network	Company page
Google+	social network	Pagina
Hyves	social network	Bedrijf

Foursquare	app om in te checken op locatie	Business
YouTube	videoplatform	User en kanaal
Flickr	platform voor foto's	User
Instagram	mobiele app om foto's te delen	User
Pinterest	prikbord om content te delen	Business

Afhankelijk van je organisatie en de branche waarin je actief bent, is het goed om je ook te registreren bij specifieke fora en vergelijkingssites, zodat je ook daar snel kunt reageren. Welke websites relevant zijn, blijkt uit je online quick scan. Als je van plan bent je als organisatie aan te melden voor min of meer besloten fora om vragen te beantwoorden en klachten op te kunnen lossen, neem dan eerst contact met de administrator of beheerder. Zo voorkom je dat je plotselinge interventie op een forum kwaad bloed zet bij de gebruikers en zich tegen je keert. In samenspraak met de administrator kan er mogelijk een eigen discussie of thread worden gecreëerd waar forumleden je kunnen vinden.

Zorg dat je profiel er op alle netwerken en platforms professioneel en zo veel mogelijk conform je huisstijl uitziet. Stel achtergrondkleuren en -foto's in en gebruik de juiste versie van het logo van je organisatie. En heb je als webcareteam eigen accounts, schrijf dan een duidelijke bio of profieltekst, zodat klanten weten wat ze van je kunnen verwachten. Neem een link op naar de webcarelandingspagina op de website van je organisatie. Plaats andersom eveneens een overzicht (met links) van je belangrijkste socialmedia-accounts op je webcarelandingspagina. Zo laat je niet alleen zien waar je allemaal actief bent, maar voorkom je ook dat mensen op enig moment twijfelen of een account wel officieel van jou is of niet.

Samenvatting

Als organisaties hun reputatie en klanttevredenheid hoog in het vaandel hebben, vinden ze het belangrijk om precies te weten wanneer, waar en waarover wordt geklaagd. Daarmee ontstaat voor veel organisaties een uitdaging. Tegenwoordig kan dat namelijk alleen met speciale softwareoplossingen. Deze zijn er echter te kust en te keur met een veelheid aan functionaliteiten op het gebied van dataverzameling, analyse, rapportage, workflow-management en engagement.

Om voor je organisatie de meeste geschikte tool te selecteren is het verstandig vooraf goed te inventariseren op welke manier je de software wilt inzetten. Dit hoofdstuk biedt daarvoor een handige checklist. Ook is het goed om vast te stellen welk budget beschikbaar is. De licentiekosten variëren namelijk fors: van enkele honderden tot enkele duizenden euro's per maand, mede afhankelijk van het aantal gebruikers en berichten.

Bij de uiteindelijke selectie van een tool komt veel kijken. Op basis van een shortlist van drie of vier leveranciers is het verstandig om een demonstratie van de software te krijgen. Betrek daarbij bij voorkeur ook de eindgebruikers. Vervolgens is het belangrijk om de tool die je voorkeur heeft (plus een alternatief) een of twee maanden te testen voordat je vaste afspraken maakt over onder andere licentiekosten en contractperiode.

Naast enkele veelgebruikte, meer geavanceerde online monitoring- en webcaresystemen, bestaan er ook verschillende 'small business'-oplossingen, waaronder TweetDeck, Hootsuite en Sproutsocial.

Organisaties doen er goed zich te registreren op populaire sociale netwerken en platforms. Daardoor kun je snel reageren op vragen en klachten en hoef je niet eerst een account aan te vragen. Zorg ervoor dat de bedrijfsprofielen een professionele en consistente uitstraling hebben.

HOOFDSTUK 9 DE TOEKOMST VAN KRITIEK OP INTERNET

Met 4300 winkels in Noord-Amerika, Mexico en Europa, een webshop, 160.000 medewerkers en een jaaromzet van meer dan 45 miljard dollar is Best Buy de grootste multi-channelretailer ter wereld op het gebied van consumentenelektronica. Het bedrijf probeert zich op de markt te onderscheiden met een breed en diep assortiment, onafhankelijk advies en lage prijzen. Toch maakte Best Buy de afgelopen jaren vooral naam en faam met zijn hulp aan klanten met alle mogelijke technische vragen. Zo toverde Best Buy zijn klanten- en reparatieservice in Noord-Amerika om tot een zeer winstgevend profitcenter onder de naam Geek Squad. Medewerkers van Geek Squad (de 'Geeks') fungeren op abonnementsbasis als helpdesk voor particulieren en kleine bedrijven met allerhande vragen over en problemen met hun Best Buy-apparatuur. Het succes van de Geek Squad bleef niet onopgemerkt en al snel werkte de klantenservice ook in opdracht van andere bedrijven.

In 2008 zette Best Buy zijn eerste voorzichtige schreden op het gebied van online engagement met klanten door blogs te monitoren op zoek naar klanten in technologische nood. Later dat jaar lanceerde de retailer de Best Buy Community, waar klanten in contact konden komen met de winkelmedewerkers (de kenmerkende 'Blue Shirts'), de Geek Squad, de community managers van het bedrijf én elkaar. Vooral van deze zogenaamde 'peer-2-peer' service had Best Buy hoge verwachtingen. Inmiddels posten 600.000 klanten elk kwartaal zo'n 20.000 tips en adviezen.

Best Buy wilde echter nog dichter op de klant zitten. Daarvoor werden een Twitter-account (@bestbuy, 346.000 followers) en een Facebook-fanpage geopend (6,7 miljoen likes). Daarnaast werden verschillende blogs in het leven geroepen en werd een tweewekelijkse video geproduceerd. Alle inspanningen van het bedrijf waren erop gericht om klanten toegang te bieden tot de juiste experts en hen te helpen het maximale uit hun apparatuur te halen.

De explosieve groei destijds van zowel Best Buy als Twitter, maakte het steeds lastiger om voldoende capaciteit vrij te maken om alle online vragen en problemen op te pakken. Eén ding stond voor de retailer als een paal boven water: nog meer mensen vrijmaken voor dit ene kanaal was bedrijfseconomisch niet haalbaar. Daarom werd gezocht naar een andere manier om de community tegemoet te komen.

In juli 2009 lanceerde BestBuy een nieuwe helpdesk op Twitter: Twelpforce. Iedereen die een vraag stelt aan @Twelpforce (inmiddels 48.000 followers), krijgt antwoord van een van de duizenden winkelmedewerkers die speciaal zijn getraind om een klant (ook) via Twitter van dienst te zijn. Per dag worden zo met vereende krachten honderden vragen afgehandeld, waarbij Blue Shirts wedijveren om als eerste een klant van dienst te kunnen zijn, desnoods vrijwillig in hun vrije tijd.

Met Twelpforce heeft Best Buy de stroom van tweets weer onder controle. Interessante vragen en antwoorden via Twitter komen via een directe koppeling automatisch op het Best Buyforum, zodat mogelijk meer klanten iets aan de informatie hebben. Het bedrijf claimt dat het aantal klachten met meer dan twintig procent is afgenomen vanwege de gezamenlijke inspanning.

Twelpforce is niet alleen een mooi voorbeeld van een succesvol webcareteam en een creatieve oplossing voor een capaciteitsprobleem. Het initiatief heeft ook een enorme impuls gegeven aan de interne cultuur en bedrijfstrots van de Blue Shirts. Het management stelt zoveel vertrouwen in hun kennis en expertise, dat zij binnen kaders de vrijheid krijgen om zelfstandig en voor iedereen zichtbaar klanten te helpen op Twitter. Daarmee blijkt Best Buy tot op de dag van vandaag zijn tijd ver vooruit.

Nieuwe trends, nieuwe technologieën

In dit laatste hoofdstuk van *#FAIL* word je meegenomen in enkele ontwikkelingen die plaatsvinden terwijl je dit boek leest. Dit zijn niet zozeer technologische ontwikkelingen, die onverminderd voortrazen, hoewel deze wel degelijk relevant zijn. Zo had met gemak een extra hoofdstuk gevuld kunnen worden met het belang van de nieuwe 4G mobiele netwerken die op dit moment in Nederland worden aangelegd. Die bieden meer capaciteit, meer snelheid en ongetwijfeld een veelheid aan nieuwe toepassingen die we ons nu nog niet kunnen voorstellen.

Google's Glass is minstens zo interessant. Wat betekent het voor bedrijven als klanten via een augmented-realitybril met *headsupdisplay* alle denkbare informatie op elk moment voor hun rechteroog kunnen toveren met enkele simpele spraakinstructies? Of als ze met diezelfde bril alles wat ze op dat moment zien, horen en zeggen haarscherp in HD kunnen registreren en via een koppeling met 4G live kunnen streamen naar elke plek op de wereld? Wat betekent dat voor de interactie tussen organisaties en stakeholders? En tussen stakeholders onderling als zij via Google Glass op elk moment en elke plaats online in een Google Hangout met elkaar kunnen overleggen?

Veel toepassingen zullen zich nog verder moeten ontwikkelen, maar één ding is duidelijk: binnen twee tot drie jaar krijgen mensen sneller en uitgebreider dan ooit tevoren toegang tot precies die informatie, reviews, meningen, geruchten en leugens over jouw producten en diensten waarvan jij zou willen dat ze die juist niet hebben. Is dit een te negatieve kijk op de mogelijkheden van deze technologie? Mmm, eerder een realistische inschatting.

Voor organisaties is het echter niet alleen maar angst en beven. Dezelfde technologie die consumenten in staat stelt informatie te vinden en te delen, creëert ook een kans om op innovatieve wijze de banden met klanten aan te halen. Zo biedt bijvoorbeeld Google Glass een scala aan nieuwe mogelijkheden voor selfservice, instructie, training en interactie tussen consumenten en de webcareteams van de toekomst.

Nee, in dit hoofdstuk blijf je iets dichter bij huis en krijg je inzicht in enkele ontwikkelingen op het gebied van sociale netwerken, online monitoring tools, webcare en consumentenactivisme. Zijn het 'game changers' die de relatie tussen organisaties en hun stakeholders opnieuw volledig op hun kop zullen zetten? Dat valt nogal mee. Achteroverleunen is er echter niet bij; de ontwikkelingen vinden nú plaats.

Klaagmuren

Sociale media zijn niet meer weg te denken uit ons leven. Niettemin lijken individuele netwerken en platforms een bepaalde levenscyclus te hebben. Zo is Hyves met 2,8 miljoen unieke bezoekers per maand nog maar een schim van het trotse sociale netwerk dat het ooit was. Niet voor niets heeft eigenaar *De Telegraaf* in 2012 ruim 36 miljoen euro moeten afschrijven op een overnameprijs van destijds 43 miljoen. Facebook, met meer dan een miljard geregistreerde accounts het grootste sociale netwerk ter wereld, heeft na de dramatische beursintroductie in 2012 veel glans en waarde verloren. Tot overmaat van ramp moest het sociale netwerk in zijn laatste jaarverslag ruiterlijk toegeven dat vooral jongeren hun heil elders zoeken. In Nederland daalt het aantal unieke bezoekers per maand inmiddels licht: van 9,0 naar 8,9 miljoen in januari 2013.

Ook de groei van Twitter lijkt tot staan gebracht. Na een recordaantal van 4,4 miljoen unieke bezoekers in Nederland in mei 2012 is een voorzichtige daling ingezet.

Tegelijkertijd groeit Google+ sinds de lancering in 2011 gestaag en telt het netwerk wereldwijd vijfhonderd miljoen leden. In Nederland valt het aantal leden en unieke bezoekers met respectievelijk zeshonderdenvijftigduizend en achthonderdduizend echter nog wat tegen. Dat kan snel veranderen als Nederlandse jongeren Google+ ontdekken als nieuwe hotspot die beter aansluit op hun behoeften.

Het veel geprezen online prikbord Pinterest kende in 2012 een snelle ontwikkeling, maar telt in Nederland nog slechts zo'n vierhonderdduizend unieke bezoekers per maand.

Het zal duidelijk zijn dat de populaire netwerken van vandaag niet de populaire netwerken van morgen hoeven te zijn. Organisaties doen er daarom goed aan nieuwe ontwikkelingen goed in de gaten te houden en flexibel te blijven in hun kanaalkeuze.

Tools

De markt voor online monitoring- en webcaretools blijft zich de komende jaren ongetwijfeld snel ontwikkelen. Naar verwachting komen er naast ReviewPro meer tools beschikbaar die zich richten op specifieke branches met stevige (online) competitie, voldoende omvang en serieuze budgetten.

Bestaande tools die tot dusver alleen Nederlandse bronnen monitoren, gaan steeds meer op de internationale toer. Tegelijkertijd zullen meer hoogwaardige internationale tools specifiek op de Nederlandse markt actief worden. Voor hen blijft het een hobbel om sentimentanalyse in de Nederlandse taal onder de knie te krijgen. Om dat snel op te lossen valt partnering met Nederlandse leveranciers niet uit te sluiten.

De software voor sentimentanalyse zal zich sowieso stap voor stap verfijnen, waardoor de betrouwbaarheid van de uitkomsten toeneemt. Analyse van de geografische herkomst van berichten zal aan populariteit winnen en komt breder beschikbaar. Ook de rapportagemogelijkheden van de systemen zullen zich uitbreiden. Dit onder druk van organisaties die harde cijfers nodig hebben om de return-on-investment te kunnen aantonen.

Voor de MKB-markt is nog ruimte voor een laaggeprijsde tool à la Hootsuite die zich specifiek richt op de Nederlandse markt, met monitoring en analyse van puur Nederlandse bronnen.

Grote bedrijven zullen hun activiteiten op het gebied van online monitoring en engagement in toenemende mate onderbrengen in één fysieke 'social hub', waar een multifunctioneel team voor customer engagement voor de hele organisatie zichtbaar actief is.

Webcare

Bij bestaande webcareteams heeft verdere professionalisering hoge prioriteit. Uit ons onderzoek *Webcare in Nederland* blijkt dat het daarbij onder andere gaat om het verankeren van webcare binnen de organisatie, het verbeteren en formaliseren van de workflow, het invoeren van steeds hogere servicelevels ('real-time service') en het stroomlijnen van de informatievoorziening. Uitbreiding van het aantal online platforms waarop organisaties actief zijn en de bijbehorende capaciteit, zijn belangrijke uitdagingen. Daarvoor zijn budget en intern draagvlak nodig bij het seniormanagement.

Het belang van webcare neemt snel toe. Naar verwachting zullen webcareteams binnen vijf jaar een belangrijk deel van de publiekscontacten afhandelen. Vermoedelijk is webcare straks integraal onderdeel van een multimediaal klantcontactcenter. Er is dan geen separaat team meer en sociale media zijn slechts een kanaal, net als de telefoon en e-mail. Sommige organisaties zullen kiezen voor een drastischere stap. Daar zit webcare straks, net als bij Best Buy, in de haarvaten van de organisatie en doet iedere medewerker binnen kaders en na een korte training aan webcare. Webcare is daarbij synoniem voor permanente interactie met klanten, 'engagement' en een voorbeeld van 'social business'.

Activistische consument

Paul Stamsnijder schrijft in 2010 in zijn boek *De vent is de tent* dat vertrouwen een voorrecht is dat moet worden verdiend. Het is dan ook niet vreemd dat mensen organisaties steeds minder vertrouwen nu vroegere maatschappelijke instituties van incident naar schandaal wankelen en terug. De Kerk is in diskrediet geraakt door seksueel misbruik van kinderen. Doorgaans zeer betrouwbare instellingen als banken vallen zonder overheidssteun om. Onafhankelijke rechters moeten zich publiekelijk verantwoorden voor hun vonnissen en komen in een enkel geval zelf voor de rechter. Het faillissement van enkele Zuid-Europese landen kan alleen met miljardenimpulsen worden voorkomen. Het Nederlandse politieke landschap is volledig versplinterd en het lukt opeenvolgende regeringen maar niet om de volle rit uit te zitten. Bestuurders van woningbouwcorporaties en grote onderwijsinstellingen blijken regelmatig megalomane zonnekoningen in plaats van maatschappelijk betrokken managers. Honderden ambtenaren verdienen meer dan de Balkenende-norm en ook CEO's worden publiekelijk aan de schandpaal genageld vanwege excessieve beloningen. Vaste waarden zijn omgevallen. Naast een economische crisis woedt er een vertrouwenscrisis die zijn weerga niet kent.

In dit licht zullen consumenten de komende jaren eerder kritischer dan milder worden. Organisaties worden in toenemende mate tegen het licht gehouden: deug je of deug je niet? Daarbij gaat het allang niet meer alleen over de kwaliteit van de producten en dienstverlening. Kritische consumenten zullen, mede gestimuleerd door belangenorganisaties, steeds vaker van organisaties willen weten waar ze staan in belangrijke maatschappelijke issues als voedselveiligheid, gelijkheid, duurzaamheid, arbeidsomstandigheden en diervriendelijkheid. Of zoals de marketingdenktank Warc in de *Trends Toolkit 2013* schreef: '*Brands need to show how they are making a difference in difficult times.*' Consumenten verwachten van hun favoriete merken dat ze stelling nemen, dat ze hun daden en keuzes onderbouwen. Geen mening bestaat niet meer. Merken kunnen zich volgens Ralf Hesen, Strategy Director bij Tribal DDB Amsterdam, niet meer onttrekken aan conversaties. Merken zíjn namelijk conversaties, concludeerde hij in maart 2013 tijdens de presentatie 'Merken moeten kleur bekennen'.

En wat als je als merk verzuimt? Dan zullen consumenten meer dan voorheen stelling nemen en via sociale media actievoeren. Dat hebben Albert Heijn en modemerk G-Star in januari 2013 ervaren toen hun timeline op Facebook werd overgenomen en hun zorgvuldig voorbereide content volledig ondersneeuwde door comments van ontevreden consumenten. Beide merken bogen het hoofd voor de geregisseerde *social page takeover*. Albert Heijn beloofde de plofkip in het schap af te bouwen. G-Star kwam snel met een plan om zijn hele waardeketen gifvrij te maken.

In 2009 voorspelde Jeremiah Owyang (toen nog consultant van Forrester Research) in het rapport *The future of the social web* dat community's steeds vaker zullen samenwerken om collectief producten af te nemen en zelfs om gezamenlijk suggesties te doen hoe toekomstige producten eruit zouden moeten zien. Uiteindelijk zouden community's de precieze specificaties van producten bepalen en de gewenste producten aanbesteden. Dus de community als inkooporganisatie in een tijdperk van *social commerce*. Owyang voorspelde destijds dat deze trend volwassen vormen zou aannemen in 2013. Zover is het echter nog niet, hoewel er allerlei interessante initiatieven zijn. Zo wil Nudge uitgroeien tot het grootste duurzame consumentenplatform van Nederland om 'samen wel invloed te kunnen uitoefenen' op merken en producenten. Het speelgoedmerk LEGO begrijpt deze ontwikkeling en faciliteert de creativiteit en het enthousiasme in zijn community met het Cuusoo-project om zelf producten te ontwikkelen en te delen. Indien er meer dan tienduizend supporters zijn die warmlopen voor een concept, wordt het een officieel LEGO-product. De ontwerper deelt vervolgens mee in de opbrengst.

Met een meer zelfbewuste en steeds activistischere consument is het slechts een kwestie van tijd tot merken beseffen dat er niet zozeer sprake is van evenwicht in de communicatie, maar dat de regierol doorschuift naar de klant. Een *license to operate* wordt binnen afzienbare tijd belangrijker dan ooit.

Samenvatting

Hoewel nieuwe technologie als 4G-telefonie en Googles Glass voortdurend invloed zal hebben op de conversatie tussen een organisatie en haar stakeholders, gaat het in dit laatste hoofdstuk over enkele actuele ontwikkelingen op het gebied van sociale netwerken, tools, webcare en consumentengedrag. De populaire netwerken van vandaag hoeven niet de populaire netwerken van morgen te zijn. Organisaties doen er daarom goed aan nieuwe ontwikkelingen in de gaten te houden en flexibel te blijven in hun kanaalkeuze.

De markt voor online monitoring- en webcaretools blijft zich de komende jaren snel ontwikkelen met meer leveranciers, uitgebreidere functionaliteiten en diepgravendere analyses. Grotere bedrijven brengen hun activiteiten op het gebied van online monitoring en engagement onder in één fysieke 'social hub'.

Het belang van webcare neemt snel toe. Naar verwachting zullen webcareteams binnen vijf jaar een belangrijk deel van de publiekscontacten afhandelen en is webcare straks integraal onderdeel van een multimediaal klantcontactcenter.

Consumenten zullen de komende jaren eerder kritischer dan milder worden. Organisaties zullen in toenemende mate tegen het licht worden gehouden. Daarbij willen kritische consumenten van organisaties weten waar ze staan in belangrijke maatschappelijke issues als voedselveiligheid, gelijkheid, duurzaamheid, arbeidsomstandigheden en diervriendelijkheid.

Als merk kun je niet meer verzuimen zonder vrijwel direct veel draagvlak te verliezen. Dat maakt het voor grote èn kleine organisaties van levensbelang om actviteiten als online reputatiemanagement en webcare structureel een plek te geven in hun organisatie.

KRITIEK?

Wat nu als je vragen hebt over het boek of als je het niet eens bent met bepaalde passages? Of je hebt waardevolle suggesties, voorbeelden en cases? Vanzelfsprekend sta ik daarvoor open. Graag zelfs, ik ben benieuwd naar je ideeën. Post het ergens online en ik vind het vermoedelijk snel via mijn online monitoringsystemen. Liefst niet anoniem, dat is zo... onpersoonlijk.

Wil je snel een reactie, dan kun je met me in contact komen via e-mail, Twitter of LinkedIn:

ronald@repmen.com
@amazingpr
www.linkedin.com/in/rvdaart

Nog beter: word lid van de speciale, Nederlandse LinkedIn-groep #FAIL en deel je visie met andere lezers van het boek.

OVER DE AUTEUR

Oprichter en managing consultant Ronald van der Aart van online pr-bureau RepMen werkte achtereenvolgens bij adviesbureau Van Rossum & Partners, de Nederlandse Ski Vereniging, stadion Amsterdam ArenA, sponsoring consultancy GLP en vanaf 1999 bij kabelbedrijf UPC Nederland.

Bij UPC vervulde hij diverse rollen als Manager Media Relations, Manager Public Relations en Director Corporate Communications. In 2006 was hij betrokken bij de oprichting van het UPC Webcare Team, het eerste social customer service team in Nederland.

In juli 2009 verliet hij UPC om zich met RepMen te focussen op online reputatiemanagement, webcare, online monitoring en content marketing. Later dat jaar was hij verantwoordelijk voor de public relations van de eerste editie van TEDxAmsterdam. Behalve pr-adviseur is Ronald een veelgevraagd spreker en trainer.

LEESTIPS

Bel, Egbert Jan van (2007). *Kloteklanten: de klant als noodzakelijk kwaad?* Kluwer, Amsterdam.

Belleghem, Steven van (2012). *De Conversation Company.* Uitgeverij Lannoo nv & Van Duuren Management, Tielt/Culemborg.

Breakenridge, Deirdre (2012). *Social media and public relations: eight new practices for the pr professional.* Pearson Education, Inc., Upper Saddle River, New Jersey.

Fackeldey, Jacqueline (2012). *Klantropologie: groot denken, klein doen.* Uitgeverij Scriptum, Schiedam.

Flos, Bart (2010). *Het anti-klaagboek: eerste hulp bij zeuren en zaniken.* Haystack, Zaltbommel.

Hospes, Cor (2012). *De guerrillamarketingrevolutie: van noodgreep naar noodzaak.* Haystack, Zaltbommel.

Kroezen, Klaas & Kroezen, Henk (2009). *Review! Het succes van online mond-tot-mondreclame.* Lenthe Publishers, Amstelveen.

Lanting, Menno (2013). *De slimme organisatie: de toekomst van werk, leiderschap en innovatie.* Uitgeverij Business Contact, Amsterdam/Antwerpen.

Li, Charlene & Bernoff, Josh (2008). *Groundswell: winning in a world transformed by social technologies.* Harvard Business Press.

Peters, Frank (2012). *Reputatie onder druk: het managen van reputaties in een veranderende samenleving.* Sdu Uitgevers bv, Den Haag.

Ruler, Betteke van (red.) (2012). *Communicatie NU: grootboek van het communicatievak.* Adformatiegroep BV, Amsterdam.

Scott, David Meerman (2011). *Real-time Marketing & PR: how to instantly engage your market, connect with customers, and create products that grow your business now.* John Wiley & Sons, Inc., Hoboken, New Jersey.

Shankman, Peter (2011). *Customer Service: new rules for a social media world.* Pearson Education, Inc., Upper Saddle River, New Jersey.

Solis, Brian (2012). *The end of business as usual: rewire the way you work to succeed in the consumer revolution.* John Wiley & Sons, Inc., Hoboken, New Jersey.

Solis, Brian & Breakenrigde, Deirdre (2009). *Putting the Public Back in Public Relations: how social media is reinventing the aging business of PR.* Pearson Education, Inc., Upper Saddle River, New Jersey.

Stamsnijder, Paul (2010). *De vent is de tent: reputatiemanagement in de praktijk.* Sdu Uitgevers bv, Den Haag.

Sterne, Jim (2010). *Social media metrics: how to measure and optimize your marketing investment.* John Wiley & Sons, Inc., Hoboken, New Jersey.

Stolze, Jim (2011). *Uitverkocht! Welkom in de aandachtseconomie.* A.W. Bruna Uitgevers B.V., Utrecht.

Wuring, Nicolette (2009). *Als jij de klant was... Customer advocacy: kijken met de ogen van de klant.* Thema, Zaltbommel.